La lutte contre la haine des Juifs
et les pogroms à l'époque impérialiste

La lutte contre la haine des Juifs et les pogroms à l'époque impérialiste

Les enjeux pour la classe ouvrière internationale

V. I. LÉNINE
LÉON TROTSKY
FARRELL DOBBS
JAMES P. CANNON
JACK BARNES
DAVE PRINCE

Pathfinder
NEW YORK LONDRES MONTRÉAL SYDNEY

Rédaction : Dave Prince, Steve Clark et Mary-Alice Waters
Responsables de l'édition française : Michel Dugré et Michel Prairie

ISBN 978-1-60488-184-4
Numéro de contrôle de la Bibliothèque du Congrès /
Library of Congress Control Number 2024943107
Imprimé aux États-Unis
Manufactured in the United States of America

Première édition : 2024
Deuxième tirage : 2024

CONCEPTION GRAPHIQUE DE LA COUVERTURE : Toni Gorton

PHOTOS DE LA COUVERTURE :

À GAUCHE : Pologne, 1943. Après avoir écrasé le soulèvement d'un mois des Juifs du ghetto de Varsovie, les troupes d'assaut nazies rassemblent les femmes, les enfants et les hommes juifs pour les envoyer dans les camps de la mort. (Musée de l'Holocauste des États-Unis)

À DROITE : Bande de Gaza, 7 octobre 2023. Un voyou du Hamas se saisit de Naama Levy, 19 ans, l'un des 240 otages capturés ce jour-là dans le sud d'Israël. Quelque 1 200 personnes ont été assassinées et des milliers d'autres blessées dans le pogrom mené par le Hamas.

PATHFINDER
www.pathfinderpress.com
Courriel : pathfinder@pathfinderpress.com

TABLE DES MATIÈRES

TABLE DES MATIÈRES DÉTAILLÉE

PHOTOS ET ILLUSTRATIONS

À PROPOS DES AUTEURS

V. I. LÉNINE

V. I. Lénine (1870-1924) était le dirigeant central du Parti bolchevique, qui a conduit les travailleurs et les paysans au pouvoir lors de la première révolution socialiste dans le monde, en octobre 1917. Il a été président du gouvernement révolutionnaire de 1922, lors de la fondation de l'Union des républiques socialistes soviétiques (URSS), jusqu'à sa mort.

Lénine a été le dirigeant fondateur de l'Internationale communiste, qui cherchait à construire à travers le monde des partis prolétariens capables de conquérir le pouvoir d'État comme les travailleurs en Russie avaient réussi à le faire.

Avant de prendre le pouvoir d'État, le Parti bolchevique, sous la direction de Lénine, était aux premiers rangs de la lutte contre les pogroms organisés par le régime tsariste tant détesté. Après la victoire d'Octobre, le parti a mis son programme en application de manière décisive, garantissant le droit à l'autodétermination à toutes les nationalités opprimées, y compris aux Juifs. Le Parti bolchevique a dirigé le gouvernement révolutionnaire et l'Armée rouge pour vaincre les armées contrerévolutionnaires organisées par les puissances impérialistes. Il a tenu sa promesse d'utiliser tous les moyens nécessaires, y compris la mobilisation de l'Armée rouge, pour défendre les colonies juives contre les pogroms organisés par les Cosaques et d'autres armées contrerévolutionnaires et pour « déraciner complètement le mouvement antisémite ».

Dans la dernière année de sa vie politique active, Lénine a dirigé la lutte au sein du Parti communiste de l'Union soviétique contre la perspective politique contrerévolutionnaire d'une petite bourgeoisie croissante et de nouvelles couches bourgeoises qui émergeaient en Union soviétique et que Joseph Staline en est venu à représenter.

LÉON TROTSKY

Léon Trotsky (1879-1940) faisait partie de la direction centrale forgée par Lénine, le dirigeant du Parti bolchevique, qui a organisé la conquête révolutionnaire du pouvoir par les travailleurs et les paysans en Russie en octobre 1917.

Après la victoire révolutionnaire, parmi d'autres responsabilités de direction, Trotsky a commandé l'Armée rouge, qui a vaincu les troupes contrerévolutionnaires, a écrasé les forces d'invasion de 16 pays et défendu les Juifs contre les pogroms contrerévolutionnaires pendant la guerre civile de 1918-1920.

Trotsky a été l'un des dirigeants fondateurs de l'Internationale communiste en 1919. Après la mort de Lénine en 1924, il a dirigé les communistes en Union soviétique et ailleurs dans le monde qui ont lutté pour maintenir la voie internationaliste prolétarienne de Lénine. Il a continué ce combat en exil, après avoir été déporté en 1929 par la majorité antiléniniste du gouvernement de l'URSS, dirigée par Joseph Staline.

En collaboration avec la direction du Parti socialiste des travailleurs (SWP) aux États-Unis, Trotsky a rédigé en 1938 le programme du mouvement international qu'il dirigeait. Connu comme le « Programme de transition », il a été adopté la même année par la conférence de fondation de la Quatrième Internationale.

La lutte contre toutes les formes de chauvinisme, « en particulier de l'antisémitisme, doit faire partie du travail quotidien de toutes les sections » de ce mouvement, a-t-il écrit. Notre mot d'ordre fondamental demeure : « Prolétaires de tous les pays, unissez-vous ! »

Trotsky a été assassiné en 1940, au Mexique, par la police secrète de Staline.

FARRELL DOBBS

Farrell Dobbs (1909-1983), secrétaire national du Parti socialiste des travailleurs de 1953 à 1972, a émergé des rangs du syndicat des Teamsters comme un dirigeant central des batailles qui ont transformé le mouvement syndical pendant la Grande Dépression.

Il a été l'un des dirigeants des grèves de 1934, qui ont transformé Minneapolis en un bastion syndical, et des campagnes de syndicalisation qui ont incorporé dans les rangs des Teamsters un quart de million de routiers du centre des États-Unis.

À la fin des années 1930, alors que des groupes fascistes commençaient à émerger à travers le pays, les Teamsters de Minneapolis ont donné un exemple pour l'ensemble du pays en organisant une garde de défense ouvrière. L'unité, composée de 600 volontaires parmi les membres des syndicats de la région, formés et entraînés par d'anciens combattants, a défendu avec succès les locaux syndicaux et les organisations juives contre les attaques de brutes fascistes.

Pendant la Deuxième Guerre mondiale, Farrell Dobbs et d'autres dirigeants lutte de classe qui faisaient campagne pour construire un parti ouvrier basé sur les syndicats et qui organisaient l'opposition ouvrière aux objectifs de guerre de Washington ont été condamnés et envoyés dans une prison fédérale par les dirigeants impérialistes américains. Dobbs a démissionné en 1940 de son poste d'organisateur général au sein de l'appareil national des Teamsters pour devenir secrétaire du travail syndical du Parti socialiste des travailleurs. Il a été quatre fois candidat du parti à la présidence des États-Unis.

JAMES P. CANNON

James P. Cannon (1890-1974) est né à Rosedale, au Kansas. Il a adhéré au Parti socialiste à l'âge de 18 ans. Organisateur itinérant des Travailleurs industriels du monde (IWW), avant et pendant la Première Guerre mondiale, et dirigeant de l'aile gauche prolétarienne du Parti socialiste, il a été l'un des dirigeants fondateurs du mouvement communiste aux États-Unis, qui s'organisait pour émuler ce que les travailleurs et les paysans de Russie avaient réalisé.

Il a passé sept mois en Russie soviétique, de juin 1922 à janvier 1923, où il a été délégué au Quatrième Congrès de l'Internationale communiste, qui a eu lieu à Moscou, et membre du présidium du Comité exécutif de l'Internationale communiste.

Il a ensuite été secrétaire exécutif de la Défense syndicale internationale (ILD) aux États-Unis, une organisation qui luttait dans l'ensemble du pays pour la libération de tout travailleur, sans égard à son affiliation politique, qui était prisonnier de la guerre de classe et victime d'un coup monté en raison de son militantisme au sein du mouvement ouvrier.

En compagnie d'autres dirigeants de longue date, James P. Cannon a été expulsé du Parti communiste en 1928 pour soutenir la lutte politique de Léon Trotsky, qui visait à poursuivre le cours internationaliste révolutionnaire de V. I. Lénine.

Il a été l'un des dirigeants fondateurs en 1929 de la Ligue communiste d'Amérique, qui est devenue le Parti socialiste des travailleurs en 1938. Il fut secrétaire national du SWP jusqu'en 1953, puis président national jusqu'en 1972.

JACK BARNES

Jack Barnes est le secrétaire national du Parti socialiste des travailleurs. Il a adhéré au SWP en mai 1961. Il est membre du Comité national du parti depuis 1963 et est un officier national depuis 1969.

Il a adhéré à l'Alliance des jeunes socialistes (YSA) en décembre 1960, peu après un voyage à Cuba révolutionnaire en juillet et août de la même année. À son retour, il a aidé à organiser à l'université Carleton, au Minnesota, l'une des sections universitaires les plus importantes et les plus actives du Comité fair-play pour Cuba. Depuis qu'il a adhéré au SWP, il a aidé à diriger le travail du parti en défense de la révolution socialiste à Cuba.

Quand il était organisateur de la branche du SWP à Chicago et organisateur de la YSA pour le Midwest au début des années 1960, Jack Barnes a été l'un des principaux dirigeants d'une campagne victorieuse de quatre ans, pour défendre trois membres de la YSA à Bloomington, en Indiana, accusés en 1963 de « s'être regroupés » dans le but de promouvoir le renversement de l'État de l'Indiana par la force et la violence.

En 1965, il a été élu président national de la YSA et est devenu directeur du travail du SWP et de la YSA pour construire le mouvement croissant contre la guerre du Vietnam. En janvier 1965, il a rencontré Malcolm X à deux reprises pour une entrevue publiée dans la revue *Young Socialist* quelques semaines après l'assassinat de Malcolm. Ce fut la dernière entrevue que Malcolm ait donnée et approuvée avant sa publication.

Depuis le milieu des années 1970, Jack Barnes dirige le cours politique du SWP et de ses partis frères dans le monde pour construire des partis communistes dont la grande majorité des membres et des dirigeants sont des travailleurs et des syndicalistes qui organisent d'autres travailleurs pour forger et renforcer les syndicats et pour diriger la classe ouvrière et ses alliés vers une révolution socialiste victorieuse.

DAVE PRINCE

Dave Prince, membre du Comité national du Parti socialiste des travailleurs depuis 1977, a été attiré vers l'action politique ouvrière au début des années 1960 alors qu'il étudiait à l'Université d'Oberlin en Ohio et ensuite à l'école d'art Tyler à Philadelphie. La lutte de masse des travailleurs noirs, qui a fait tomber Jim Crow, le système de ségrégation raciale institutionnalisée, a eu un profond impact sur son parcours politique. Partisan dès le début de la révolution socialiste à Cuba, défenseur de Malcolm X, il a aidé à construire des manifestations qui ont fini par compter des millions de personnes pour exiger du gouvernement des États-Unis « Ramenez maintenant [du Vietnam] les soldats ! ».

Dave Prince a adhéré à l'Alliance des jeunes socialistes et au Parti socialiste des travailleurs à l'automne 1965, à Cleveland en Ohio. Au fil des ans, il a assumé un large éventail de responsabilités centrales de direction. Il a aidé à diriger les fractions syndicales industrielles du parti au sein du Syndicat international des travailleurs de l'électricité (IUE) et des Travailleurs unis de l'automobile (UAW), ainsi que dans des ateliers d'usinage et des abattoirs non syndiqués.

Au cours des années 1990 et au début des années 2000, il a dirigé l'imprimerie du parti à New York, qui publiait l'hebdomadaire le *Militant* et les livres des éditions Pathfinder.

Aujourd'hui, entre autres responsabilités, Dave Prince dirige le travail avec le réseau mondial de partisans organisés du parti.

CHAPITRE 1

La lutte contre la haine des Juifs et les pogroms à notre époque

DAVE PRINCE

Le livre *La lutte contre la haine des Juifs et les pogroms à l'époque impérialiste : les enjeux pour la classe ouvrière internationale* paraît alors que des centaines de millions de personnes sont entraînées dans la politique mondiale par la crise en cours du système impérialiste et ses ramifications aux quatre coins du globe. La montée de la violence et de la haine des Juifs, qui a marqué les premières décennies du 21e siècle — au Moyen-Orient, en Amérique du Nord et du Sud, en Europe, en Afrique, en Asie et dans le Pacifique — est profondément enracinée dans cette crise mondiale.

La haine des Juifs est une question *mondiale*. La lutte contre ce phénomène est décisive aujourd'hui pour chaque lutte ouvrière contre les conséquences brutales pour l'humanité de l'impérialisme et de ses convulsions.

Ce livre présente les fondements politiques et la continuité du programme et du cours marxistes sur ces questions, dans l'histoire et en action. La haine des Juifs n'est pas éternelle ; elle est enracinée dans une société divisée en classes et dans la lutte des classes. Les auteurs répondent à la question primordiale : *que faire pour y mettre fin* — une fois pour toutes.

Les pages qui suivent comprennent des extraits d'articles et de discours de V. I. Lénine, le bâtisseur central du Parti bolchevique et principal dirigeant de la Révolution russe d'octobre 1917. Lénine aborde la place décisive de la lutte contre la haine des Juifs et les pogroms dans le combat pour la révolution socialiste, qui a été nécessaire pour renverser l'empire tsariste. Sous la direction de Lénine, le Parti bolchevique s'est placé aux premiers rangs de cette bataille, depuis sa formation en 1902-1903 jusqu'à la mort de Lénine en 1924.

La bataille contre la persécution des Juifs était étroitement liée à la lutte pour le droit à l'autodétermination de toutes les nations opprimées. Elle était étroitement liée à la lutte contre le nationalisme et le chauvinisme bourgeois réactionnaires dans la jeune république soviétique et dans d'autres pays où avaient éclaté des luttes révolutionnaires inspirées par la révolution victorieuse d'octobre 1917.

Le livre inclut la lutte internationale de Léon Trotsky dans les années 1920 et 1930 pour défendre la continuité communiste de Lénine contre la contrerévolution politique en Union soviétique et dans le Parti communiste dirigé par Joseph Staline. Les articles et entrevues de Trotsky, dont nous publions ici des extraits, ont été écrits au cours des années pendant lesquelles la haine des Juifs et la violence antisémite sont devenues des signes avant-coureurs de ce qu'allaient être la Deuxième Guerre mondiale inter-impérialiste et l'Holocauste.

Le livre comprend également des écrits de dirigeants centraux du Parti socialiste des travailleurs depuis sa fondation — James P. Cannon, Farrell Dobbs et Jack

Dans la lutte contre la haine des Juifs, le Parti socialiste des travailleurs s'inscrit dans une continuité qui remonte à Lénine et aux bolcheviks.

MARY MARTIN/THE MILITANT

À GAUCHE : Rachele Fruit, candidate du Parti socialiste des travailleurs à la présidence des États-Unis, s'adresse à la presse lors d'un événement, le 10 octobre 2023 au Mémorial de l'Holocauste de Miami Beach, pour condamner le pogrom du Hamas en Israël trois jours auparavant : « La lutte pour mettre fin à la haine des Juifs passera par une lutte des travailleurs pour le pouvoir, une révolution socialiste. »

À DROITE : Des travailleurs manifestent à Pétrograd pendant la révolution russe de 1917. Sous la direction de Lénine, le parti bolchevique a mené les travailleurs à prendre le pouvoir en octobre 1917 et à mettre fin à la domination capitaliste. Il a donné un exemple de la direction ouvrière qu'il faut forger aujourd'hui : une direction communiste, convaincue des capacités révolutionnaires de la classe ouvrière.

Barnes — qui présentent la ligne de conduite qui guide le SWP jusqu'à aujourd'hui.

L'impérialisme et la haine des Juifs

La persécution des Juifs a commencé il y a deux mille ans.

Mais à l'aube de l'époque impérialiste, dans les dernières années du 19e siècle, le poids et la place de la haine des Juifs dans les relations sociales ont changé. Cette question a acquis un caractère *international* ; elle est devenue une expression de l'extrême virulence des convulsions économiques et sociales capitalistes qui ont éclaté lors des Première et Deuxième Guerres mondiales impérialistes.

La « conspiration juive internationale » est devenue l'étendard commun des mouvements fascistes. Sous cette bannière, ils ont cherché à justifier les attaques contre la classe ouvrière et son avant-garde politique, ainsi que contre d'autres travailleurs, et à détruire leurs syndicats et leurs partis. Le triomphe du fascisme dans une grande partie de l'Europe et la contrerévolution politique stalinienne qui se développait en URSS ont rendu inévitable la conflagration à venir. Au cours de ces décennies, le nombre de pogroms — le massacre brutal de Juifs — a fortement augmenté ; les assauts contre les Juifs se sont intensifiés avec la « Solution finale » d'Adolf Hitler, soit l'extermination massive de six millions de Juifs, dans les dernières années de la guerre.

Tant que persistera la dictature du capital, basée sur l'exploitation de classe et le contrôle capitaliste de la production et des échanges, il n'y aura pas de solution à la marche inexorable de l'impérialisme vers le fascisme et la guerre. La domination internationale du capitalisme moderne et la lutte entre les principales puissances impérialistes et leurs familles dirigeantes pour se partager le monde rendent les crises sociales récursives et les guerres inévitables. Mais elles rendent également inévitables la résistance et les poussées révolutionnaires de la classe ouvrière et de tous les exploités.

La question juive est elle-même une question de classe.

Comme on le voit encore aujourd'hui, pour les familles dirigeantes possédantes à l'époque impérialiste, la haine des Juifs a une place et une fonction qui sont permanentes.

Pour la classe ouvrière internationale, la voie en avant consiste à construire des partis révolutionnaires prolétariens, des partis communistes dans les pays où nous vivons. Elle consiste à construire des directions révolutionnaires qui ont une confiance inébranlable dans les capacités de la classe ouvrière et des opprimés : dans leur capacité de prendre leur destinée en main, de s'organiser selon la ligne de marche de la classe ouvrière pour confronter les classes dirigeantes possédantes du monde entier, de prendre le pouvoir d'État et de transformer la société.

Le pogrom du 7 octobre

Le massacre de Juifs, le 7 octobre 2023 en Israël, par les escadrons de meurtriers et de violeurs du Hamas était un pogrom, réactionnaire jusqu'à la moelle.

Il a été rendu possible grâce à la planification préalable par le régime capitaliste contrerévolutionnaire en Iran et à son soutien financier et logistique complet. Téhéran et ses principaux dirigeants cléricaux et gouvernementaux ont célébré publiquement le massacre, qui a également impliqué

Pour les termes, lieux et individus, voir le glossaire à la fin du livre.

plusieurs petits groupes qui haïssent les Juifs, principalement le Jihad islamique et le Front populaire de libération de la Palestine.

Cette nouvelle phase de la guerre contre les Juifs et l'État d'Israël, lancée par le Hamas ce jour-là, fait toujours rage au moment où paraît ce livre. En plus des batailles menées à Gaza, le Hezbollah, un allié du Hamas entraîné par Téhéran, a lancé depuis le Liban des attaques contre la population civile en Israël. Il y a aussi des opérations terroristes continues par des groupes liés au régime iranien opérant au Yémen, en Irak et en Syrie.

Ces événements marquent un tournant décisif, aux conséquences imprévisibles, dans la crise impérialiste mondiale. Ils font partie du profond changement déjà enregistré par la première guerre terrestre à grande échelle entre deux puissances étatiques en Europe depuis la Deuxième Guerre mondiale, qui a commencé en février 2022 avec l'invasion de l'Ukraine par le régime chauvin grand-russe de Vladimir Poutine. Moscou cherche à noyer dans le sang l'indépendance et la souveraineté du peuple ukrainien, son existence en tant que nation.

Contrairement à ce qu'affirment les organisateurs du Hamas et ceux qui ont soutenu et applaudi le pogrom du 7 octobre, ce massacre de Juifs n'était aucunement une action anti-impérialiste. Il n'avait rien à voir avec défendre les intérêts du peuple palestinien ou des exploités et opprimés ailleurs dans le monde.

Le 7 octobre n'était pas une opération militaire dans une guerre de libération nationale. Au contraire. Le pogrom a été organisé et mené par des escadrons de la mort bien entraînés — constitués de voyous, de meurtriers, de violeurs — qui ont massacré, mutilé, torturé et abusé

Le massacre de Juifs perpétré en Israël par le Hamas le 7 octobre 2023 était un pogrom, réactionnaire jusqu'à la moelle.

ABED ABU REASH/AP

AGENCE DE NOUVELLES DE L'ASIE OCCIDENTALE

EN HAUT : Le 7 octobre 2023. Des meurtriers du Hamas défilent dans les rues de la ville de Gaza avec le corps d'un Juif qu'ils ont assassiné. Contrairement à ce que prétendent le Hamas et ses partisans, le massacre de Juifs n'avait rien à voir avec les intérêts du peuple palestinien, ni avec ceux des exploités et des opprimés ailleurs dans le monde.

EN BAS : Téhéran, le 26 mars 2024. Le guide suprême iranien Ali Khamenei rencontre le chef du Hamas Ismail Haniyeh. Le soutien de longue date de Téhéran a permis le massacre du 7 octobre. Ses dirigeants centraux ont fêté le pogrom et ont appelé à « éradiquer la tumeur cancéreuse sioniste ».

sexuellement des *Juifs*, indépendamment de leur nationalité, de leur âge ou de leur sexe.

Les victimes étaient des hommes, des femmes, des enfants et des nourrissons juifs de kibboutz situés près de la frontière entre Israël et Gaza, ainsi que des participants à un grand festival international de musique. Les escadrons de la mort ont assassiné quelque 1 200 personnes, en ont blessé plus de 5 000 et en ont pris en otage plus de 240.

Des Juives ont été violées puis assassinées. Dans beaucoup de cas, elles ont été victimes de viols collectifs, parfois devant des membres de leur famille pour les dégrader et les humilier davantage. Leurs corps ont été mutilés et profanés. Les otages ont été et sont toujours soumis à d'autres actes de torture et d'abus.

Le Hamas a également tué environ 24 Arabes israéliens, ainsi que plus de 50 travailleurs migrants venus de la Thaïlande, du Népal, des Philippines, du Sri Lanka et d'ailleurs. Beaucoup ont aussi été brutalisés ou pris en otage. Ce n'était pas une erreur du Hamas. Celui-ci considérait ces travailleurs comme des cibles légitimes du pogrom pour la simple raison qu'ils s'étaient associés à des Juifs.

C'était un pogrom comme ceux fomentés contre les Juifs par le régime tsariste en Russie à la fin du 19e siècle et au début du 20e. « La monarchie russe ne peut répondre aux manifestations du peuple pour la liberté, écrivait Lénine en 1911, qu'en organisant des détachements d'individus qui saisissent les enfants juifs par les pieds pour leur briser la tête contre des pierres, qui violent les femmes juives ou géorgiennes et qui éventrent les vieillards. »

Rien ne distingue le 7 octobre de ce que décrivait le dirigeant bolchevique plus d'un siècle plus tôt.

L’ordre mondial imposé par les vainqueurs de la Deuxième Guerre mondiale se rompt avec des conséquences explosives pour les travailleurs du monde entier.

NATIONAL GEOGRAPHIC

À DROITE : La route allant du Koweït à Bassorah, en Irak, où l’armée américaine a massacré en 1991 des milliers de soldats et de civils irakiens en fuite. Cette guerre, qui a accru la rivalité entre Washington et les autres puissances impérialistes, a fait retentir les premières salves de la troisième guerre mondiale, une réalité que nous voyons se développer aujourd’hui.

CI-DESSUS : Kherson, Ukraine, mars 2022. Des habitants crient « Rentrez chez vous ! » et résistent à l’invasion russe, qui vise à faire disparaître la nation ukrainienne. Après huit mois d’occupation brutale, les forces ukrainiennes ont libéré Kherson.

Le pogrom du 7 octobre en Israël et l’invasion de l’Ukraine par le régime de Poutine (la première grande guerre terrestre en Europe depuis la Deuxième Guerre mondiale) marquent un tournant décisif dans la crise impérialiste mondiale.

Le massacre du 7 octobre a été le pire acte de violence contre des Juifs depuis l'Holocauste perpétré par les nazis. Il a irrévocablement ébranlé les espoirs et les illusions de Juifs et d'autres personnes qui pensent que les actes croissants de haine contre les Juifs ne sont qu'une aberration historique, des choses du passé, des exceptions à la règle, et qu'ils cesseront ; ou qui pensent que l'on peut compter sur Washington et d'autres gouvernements impérialistes « démocratiques » pour défendre les Juifs chez eux ou n'importe où dans le monde.

Que nous réserve l'avenir ? La haine des Juifs est-elle éternelle ?

L'ordre mondial imposé par les vainqueurs du massacre impérialiste de la Deuxième Guerre mondiale a commencé à se rompre. L'impérialisme américain, le dernier empire sur terre, s'affaiblit depuis des décennies. Pour se maintenir, les dirigeants américains cherchent à atteindre deux objectifs interdépendants. Ils poursuivent d'abord leur lutte incessante pour dominer tous leurs concurrents impérialistes. Mais ils s'acharnent aussi à écraser le développement des luttes révolutionnaires des travailleurs n'importe où dans le monde, ce qui est essentiel pour la survie même du capitalisme. Cela inclut les efforts aux multiples facettes de Washington depuis des décennies, du type « ne jamais rien pardonner ni rien oublier », afin de punir les travailleurs cubains pour avoir eu l'audace de faire une révolution socialiste à Cuba.

La guerre de Washington contre l'Irak en 1991 — qui s'est terminée par la tristement célèbre « chasse dans un poulailler » du commandement américain contre des dizaines de milliers de soldats et de civils irakiens qui battaient en retraite — a fait retentir les premières salves de la troisième guerre mondiale. Cette perspective n'est pas une prédiction ; c'est une réalité qui se déploie sous nos yeux. Tout ce qui reste encore à préciser, c'est à quel rythme et de quelle façon elle progressera. Seule la classe ouvrière, à travers une action révolutionnaire victorieuse, peut prendre le pouvoir et arracher à la classe dirigeante sa capacité de faire la guerre.

Deux grandes révolutions prolétariennes de ce type ont eu lieu au cours du siècle dernier. La première a été la révolution d'Octobre en Russie dirigée par Lénine et le Parti bolchevique qu'il a forgé. L'autre est la révolution socialiste à Cuba, dirigée par Fidel Castro et les cadres de l'Armée rebelle et du Mouvement du 26 juillet qu'il commandait.

Chacune de ces révolutions a montré le caractère politique de la direction prolétarienne qui peut et qui doit être forgée : une direction communiste, testée dans la lutte et qui agit avec une grande confiance dans les capacités révolutionnaires de la classe ouvrière et des opprimés.

Les racines fascistes du Hamas

Fondé en 1987, le Hamas plonge ses racines à la fois parmi les propriétaires terriens et les monarchies du monde arabe des années 1920 et 1930, mais aussi, depuis lors, dans les courants et les partis nationalistes bourgeois de la région, opposés à la classe ouvrière.

Ces classes dirigeantes se sont opposées aux développements révolutionnaires parmi les travailleurs en Palestine et ailleurs au Moyen-Orient, développements qui avaient été inspirés par l'exemple de la Révolution russe et qui avaient été bien accueillis par ses dirigeants bolcheviques. Des partis communistes, qui rassemblaient initialement des travailleurs révolutionnaires d'origines juive, arabe et d'autres nationalités, ont été formés en Palestine, en Égypte et ailleurs au Moyen-Orient.

Dans les années 1930 et 1940, les Frères musulmans, basés en Égypte, et des courants réactionnaires associés ont forgé des relations directes avec les fascistes en Italie et particulièrement avec le parti nazi d'Adolph Hitler en Allemagne.

Trotsky a décrit la culture du fascisme, dans un manifeste de mai 1940 intitulé « La guerre impérialiste et la révolution prolétarienne mondiale ». Sa description correspond exactement à la façon dont le Hamas et ses partisans fonctionnent aujourd'hui, plus de huit décennies plus tard : « L'unique trait du fascisme qui ne soit pas une imposture, c'est sa volonté de puissance, de conquête, de pillage. Le fascisme est une distillation chimiquement pure de la culture de l'impérialisme. »

Téhéran, le Hezbollah, le Hamas et leurs partisans proclament à la face du monde leur ferme volonté de commettre d'autres pogroms. Leur étendard est celui de la haine des Juifs : un autre Holocauste qui complétera la « Solution finale » inachevée. Ils rejettent toute « solution » autre que l'élimination physique des Juifs, non seulement au Moyen-Orient, mais dans le monde entier. Sept des 15,7 millions de Juifs dans le monde vivent aujourd'hui en Israël ; un nombre similaire vivent aux États-Unis ; des nombres plus petits mais significatifs vivent dans d'autres pays.

La haine des Juifs est la bannière sous laquelle le régime bourgeois-clérical en Iran justifie sa campagne expansionniste — souvent menée par des groupes terroristes que Téhéran arme et finance dans les pays voisins — qui vise à étendre la domination militaire et économique contrerévolutionnaire du régime à travers le Moyen-Orient. Téhéran a ouvertement déclaré avoir pour objectif de se débarrasser des Juifs et d'éliminer Israël. Cette perspective est d'autant plus dangereuse pour les travailleurs du monde entier que Téhéran poursuit sa marche accélérée en vue de développer et de déployer un arsenal nucléaire stratégique.

Le peuple palestinien a payé un prix énorme pour la perspective de génocide antijuive résumée dans le slogan « Du fleuve à la mer, la Palestine sera libre ». Les dirigeants du Hamas sacrifient la vie et l'avenir des Palestiniens en établissant leurs centres d'opérations et leurs installations d'artillerie à l'intérieur, à proximité ou sous les hôpitaux, les écoles et les immeubles d'habitation à Gaza. Ils utilisent les civils comme boucliers humains. Ils enseignent aux enfants à souhaiter devenir des « martyres » et non pas vivre. Ils s'organisent et agissent avec la complicité des organismes et du personnel des Nations unies. Afin de répondre aux besoins du Hamas, ses voyous armés s'emparent des réserves d'aide humanitaire destinées aux Palestiniens, y compris de la nourriture et des médicaments.

Le plus grand danger pour les Juifs et tous les opprimés de la région et du monde est l'appel à un cessez-le-feu *avant* que le Hamas ne soit vaincu et que ses structures de direction et de commandement ne soient détruites. Loin d'être une manière « pacifiste » de répondre à la guerre, cette propagande internationale en faveur d'un cessez-le-feu a été planifiée par le Hamas et ses cohortes de nombreuses années avant le 7 octobre 2023. *C'est une campagne du Hamas.*

Et l'administration du Parti démocrate de Joseph Biden — confirmant une fois de plus le caractère anti-ouvrier du gouvernement impérialiste américain — use de toute son influence pour nier le droit d'Israël de se défendre en tant que refuge pour les Juifs, en exigeant que

« Du fleuve à la mer, la Palestine sera libre » résume l'objectif génocidaire du Hamas : Chasser les Juifs ! Tuer les Juifs !

RYAN ZAMOS/FOX NEWS

Apologistes du Hamas manifestant à l'université Tulane à la Nouvelle-Orléans, le 26 octobre 2023.

« Vous, les Juifs ! » : une foule attaque des Juifs lors d'un débat avec un soldat israélien.

Berkeley, 26 février 2024. Des voyous pro-Hamas de l'Université de Californie ont pris d'assaut un bâtiment où des étudiants juifs avaient invité un réserviste de l'armée israélienne à prendre la parole. Ils ont brisé des fenêtres, forçant l'évacuation du public. Certains de ceux qui se disent « socialistes » et défendent le Hamas se retrouveront parmi les futures forces fascistes.

le gouvernement israélien déclare un cessez-le-feu avant même que les structures de commandement du Hamas n'aient été détruites.

Mais, seule la défaite sans équivoque du Hamas pourra ouvrir un espace pour que les travailleurs juifs, arabes et autres trouvent un moyen d'aller de l'avant, ensemble, dans des luttes révolutionnaires contre les dirigeants capitalistes d'Israël, de la Palestine et d'ailleurs dans la région.

Forger un parti révolutionnaire prolétarien

La voie empruntée par Lénine pour combattre la persécution des Juifs faisait partie de la lutte pour forger le programme prolétarien, les normes organisationnelles et les habitudes de conduite du Parti bolchevique.

Cette orientation a guidé les actions du parti avant, pendant et après la révolution d'Octobre 1917 en Russie, aussi bien dans le jeune État ouvrier que dans l'Internationale communiste fondée à l'initiative des bolcheviks en 1919 pour construire des partis prolétariens qui se consacrent à l'extension de la révolution socialiste mondiale.

Les propriétaires capitalistes d'usines et les propriétaires fonciers, évincés lors de la chute de l'empire tsariste, ont lancé une guerre civile meurtrière de trois ans pour récupérer leurs biens et leur pouvoir avec l'aide résolue des armées d'invasion de Londres, de Paris, de Berlin, de Washington et d'autres gouvernements impérialistes.

Dans le cadre des batailles qui ont écrasé la contre-révolution, l'Armée rouge — initiée et dirigée par Lénine, et sous le commandement de Léon Trotsky — a combattu et vaincu les pogromistes. Ces batailles victorieuses ont inspiré les Juifs et d'autres travailleurs non seulement dans l'ancien empire tsariste, mais dans le monde entier.

« En alliance avec les grands propriétaires fonciers et les capitalistes, la police tsariste a organisé des pogroms contre les Juifs », a expliqué Lénine dans un discours de 1919 reproduit sur un enregistrement phonographique qui a été largement distribué à travers la république soviétique.

« Les propriétaires fonciers et les capitalistes s'efforçaient de diriger contre les Juifs la haine des travailleurs et des paysans poussés à bout par la misère. Dans d'autres pays aussi, on voit souvent les capitalistes attiser la haine contre les Juifs, afin d'aveugler les travailleurs et de détourner leur attention de l'ennemi des travailleurs, le capital », a poursuivi le dirigeant bolchevique.

« Honte au tsarisme maudit qui torturait et persécutait les Juifs. Honte à ceux qui fomentent la haine envers les Juifs, à ceux qui sèment la haine contre les autres nations. Vive la confiance fraternelle et l'alliance combative des travailleurs de toutes les nations dans la lutte pour renverser le capital. »

« Dans la lutte contre la haine des Juifs et les pogroms, le Parti socialiste des travailleurs s'inscrit dans une continuité qui remonte à Lénine et aux bolcheviks en Russie », a affirmé le SWP dans sa toute première déclaration sur le pogrom du Hamas du 7 octobre. Cette déclaration, émise par Rachele Fruit lors d'une manifestation au Mémorial de l'Holocauste à Miami Beach pour dénoncer le massacre, est reproduite plus loin dans ce livre. Rachele Fruit est la candidate du SWP à la présidence des États-Unis en 2024.

Trotsky a fait avancer cette continuité bolchevique, à la fin des années 1920 et durant les années 1930, dans la lutte pour maintenir l'orientation internationaliste prolétarienne de Lénine face à la contrerévolution politique sanglante dirigée par Joseph Staline. Dans les

Les bolcheviks ont défendu les droits de toutes les nationalités opprimées, y compris des millions de Juifs, dans l'ancien empire tsariste.

EN HAUT : « Ce ne sont pas les Juifs qui sont les ennemis des travailleurs, mais les capitalistes de tous les pays », a déclaré V. I. Lénine dans un discours en 1919. Le gouvernement révolutionnaire porté au pouvoir en octobre 1917 a largement diffusé l'enregistrement phonographique de ce discours.

ЕЖЕДНЕВНАЯ ВЕЧЕРНЯЯ ГАЗЕТА

РАБОЧІЙ и СОЛДАТЪ

РАБОЧИМЪ, СОЛДАТАМЪ и КРЕСТЬЯНАМЪ!

Второй Всероссійскій Съѣздъ Совѣтовъ Рабочихъ и Солдатскихъ Депутатовъ открылся. На немъ представлено громадное большинство Совѣтовъ. На съѣздѣ присутствуетъ и рядъ делегатовъ отъ крестьянскихъ Совѣтовъ. Полномочія соглашательскаго Ц. И. К. окончились. Опираясь на волю громаднаго большинства рабочихъ, солдатъ и крестьянъ, опираясь на совершившееся въ Петроградѣ побѣдоносное возстаніе рабочихъ и гарнизона, Съѣздъ беретъ власть въ свои руки.

CI-CONTRE : Le jour où le gouvernement révolutionnaire dirigé par les bolcheviks a pris le pouvoir, il a publié une déclaration « Aux ouvriers, soldats et paysans », qui garantissait « à toutes les nations en Russie un réel droit à l'autodétermination ».

EN BAS : Odessa, Ukraine, 1919. La foule accueille l'Armée rouge, qui a libéré cette ville, avec la plus grande population juive en Russie tsariste, de forces contrerévolutionnaires. L'Armée rouge a mis fin aux pogroms antijuifs. Comme on le voit ici, elle comprenait des travailleurs de toutes les nationalités.

textes reproduits ici, Trotsky décrit comment la bureaucratie stalinienne, en s'attaquant à ceux qui défendaient le programme et les actions de Lénine, a promu l'antisémitisme en Union soviétique. Beaucoup d'entre eux, y compris Trotsky, étaient juifs. L'antisémitisme a été utilisé contre ceux qui étaient visées par les tristement célèbres procès truqués de Moscou et les exécutions par Staline entre 1936 et 1938, au cours desquels pratiquement tous les dirigeants centraux de la révolution d'Octobre encore en vie ont été tués.

Durant cette période, le SWP a travaillé en étroite collaboration avec Trotsky, qui vivait alors en exil au Mexique. Le parti s'est joint à la lutte contre les conséquences sociales dévastatrices pour les travailleurs de la profonde dépression capitaliste mondiale, de la crise sociale et de la marche vers une deuxième guerre impérialiste. Trotsky a mis en garde contre la montée de mouvements fascistes au sein de la petite bourgeoisie et des classes moyennes en proie à la panique et qui, poussées par leur peur de sombrer dans l'abîme, alimentent une « croissance monstrueuse de l'antisémitisme violent dans le monde entier ».

À la fin des années 1930, alors que les dirigeants américains se préparaient à entrer dans la guerre qui s'étendait à l'échelle mondiale pour défendre leurs propres intérêts capitalistes, les travailleurs communistes au sein du SWP ont mené une lutte politique, qu'ils ont finalement gagnée, contre une faction minoritaire au sein du parti qui cédait aux pressions de la propagande croissante en faveur de la guerre et au milieu social des apologistes de la bourgeoisie au sein de la classe moyenne. L'opposition a rompu avec le marxisme sur deux questions indissociables : la nécessité de s'opposer aux objectifs de guerre des impérialistes américains et d'approfondir la composition prolétarienne du parti et son orientation vers la classe ouvrière et les syndicats.

La lutte victorieuse du SWP pour un parti prolétarien a été un facteur décisif dans sa réponse aux efforts des familles dirigeantes pour déchaîner les brutes fascistes et transformer les Juifs en boucs émissaires, responsables des maux croissants du capitalisme. Les dirigeants capitalistes, responsables du chômage, des saisies agricoles et d'autres conséquences de la crise sociale et économique des années 1930, cherchaient à détourner d'eux-mêmes la colère des classes moyennes anxieuses ou ruinées et de couches de travailleurs.

Nous reproduisons ici des textes de deux anciens secrétaires nationaux du SWP, Farrell Dobbs et James P. Cannon. Ils décrivent la garde de défense syndicale qui jouissait d'un large soutien au Minnesota en 1938 et qui a repoussé les attaques d'une organisation fasciste américaine, les Chemises d'argent, à laquelle les employeurs avaient fait appel pour briser le syndicat des Teamsters et repousser les gains faits au sein de la classe ouvrière vers l'action politique indépendante. Bien entendu, promouvoir la haine des Juifs faisait partie intégrante de la démagogie des fascistes. Après avoir eu vent des plans antisyndicaux des Chemises d'argent, Albert Gordon, un rabbin de Minneapolis, s'est tourné vers les Teamsters dans l'espoir qu'ils répondent à ce danger de la droite. Une manifestation publique par la garde de défense des travailleurs, avec de larges appuis au sein de la classe ouvrière, a convaincu les fascistes de saborder leurs plans et de quitter la ville.

Des travailleurs et des syndicalistes de New York ont par la suite cherché à collaborer avec les dirigeants des Teamsters de Minneapolis pour résister aux attaques antisyndicales et à la haine des Juifs par les forces fascistes dans cet État et l'État voisin du New Jersey. Ils se sont mobilisés pour une manifestation de 50 000 personnes à New York, initiée par le Parti socialiste des travailleurs, qui a contré un rassemblement de 20 000 personnes d'une organisation fasciste, le Bund germano-américain, au Madison Square Garden.

Pas de refuge pour les Juifs à l'époque impérialiste

Le slogan « Du fleuve à la mer, la Palestine sera libre » n'est pas nouveau. Selon les termes mêmes du document fondateur du Hamas de 1988, le caractère antisémite de ce slogan « a d'abord été présenté dans les *Protocoles des Sages de Sion* », la célèbre fabrication par la police secrète tsariste en 1905, qui prétendait prouver « les plans de domination universelle par la juiverie internationale ».

Depuis le *Mein Kampf* de Hitler et les rassemblements de Nuremberg, jusqu'au document fondateur du Hamas et aux justifications actuelles du 7 octobre, tout repose sur les mêmes fondements antiouvriers.

Expulsons les Juifs ! Tuons les Juifs ! Le message est clair : du Jourdain à la Méditerranée et partout dans le monde où les Juifs peuvent être traqués et pris pour cible, d'une synagogue à une épicerie casher, d'un festival de danse à une crèche ou à une cour d'école. Détruire Israël en tant que refuge pour les Juifs.

À l'époque impérialiste, il ne peut y avoir de refuge permanent pour les Juifs. Cela ne pourra changer qu'avec la victoire de la révolution prolétarienne dans des parties décisives du monde.

La campagne « du fleuve à la mer » n'a rien à voir avec les aspirations nationales des peuples opprimés, que ce soit en Palestine, en Iran, au Moyen-Orient, en Afrique du Nord ou ailleurs ; elle n'a rien à voir avec la lutte des travailleurs opprimés et exploités contre l'impérialisme ; elle n'a rien à voir avec la lutte de la classe ouvrière pour se libérer de la dictature du capital et des classes dirigeantes exploiteuses.

Au contraire, la campagne internationale pour un cessez-le-feu immédiat ne sert que les intérêts de classe des directions nationalistes bourgeoises réactionnaires du régime iranien, du Hamas, du Hezbollah, du Jihad islamique et d'une poignée d'autres. Les classes dirigeantes les plus puissantes et les plus impitoyables du monde, dirigées par celle des États-Unis, utilisent cette campagne pour promouvoir *leurs propres* intérêts économiques, militaires et politiques dans le monde ainsi que leur domination de classe.

Que faire ?

La création d'Israël est devenue inévitable avec la Deuxième Guerre mondiale.

Au cours des années qui ont précédé la Deuxième Guerre mondiale et pendant la guerre elle-même, les puissances impérialistes dominantes ont fermé la porte à pratiquement toute immigration juive. Telle a été la politique de Washington et Londres, sous la direction de Franklin Delano Roosevelt et de Winston Churchill, et la politique qu'ont suivie les classes dirigeantes du Canada, de l'Australie et d'autres pays.

Au lendemain de la guerre, après l'extermination par Hitler de 40 % de la population juive mondiale, soit six millions d'êtres humains, les puissances impérialistes victorieuses à Washington et à Londres ont maintenu leurs propres frontières hermétiquement fermées pendant trois autres années. Elles ont relégué plus de 250 000 survivants juifs dans des « camps de personnes déplacées » à peine vivables, dans les pays européens vaincus, l'Allemagne, l'Autriche et l'Italie.

Seules la conquête du pouvoir par la classe ouvrière et la fin de l'ordre impérialiste mondial pourront empêcher un nouvel Holocauste.

WOLF SCHÄRF

THE MILITANT

MONDAY, AUGUST 4, 1947 — THE MILITANT — PAGE THREE

4,500 Jews Get Another Lesson in "Democracy"

By Evelyn Atwood

For the past 12 days, 4,500 Jewish refugees, among them 1,800 women and children, bound for Palestine, have undergone blood- ... of the British imperialists that Hitler ...

... stretchers, the Jewish immigrants ... ordered aboard three British ... the Empire Valour, Ocean ... and Runnymede Park for ... to France. Food sup... were far from sufficient for ... multitudes.

... officials still claim that ... refugees were well treated. The ... condition of the involuntary passengers revealed quite the contrary. Several died as a result of ill treatment or of wounds. According to a Reuters dispatch, a Jewish doctor who went aboard the Runnymede Park said there was an epidemic of diarrhoea among the children. But reports about the condition of the ship's occupants could not be verified, since newspaper men were forbidden even to approach the ships. The wretched people could be observed only through field glasses. Some were peering through portholes. Others were standing on decks which were completely com... ... wire.

... savage ... vessel and its defenseless occupants. The warships smashed into the Exodus from three directions, enveloping the ship in a cloud of fire bombs, gunfire, tear gas. Huge portions of the ship were reduced to kindling wood.

SCORES WOUNDED

For more than three hours, while women and children screamed, the murderous assault continued. Twenty men fell seriously wounded, five lay dying, a hundred were injured. William Bernstein, 24 ...

British Seize Refugee Ship

EN HAUT : Un camp de « personnes déplacées » en Autriche après la Deuxième Guerre mondiale. Après l'extermination par Hitler de 40 % de la population juive mondiale, Washington et Londres ont maintenu leurs frontières fermées et ont expédié 250 000 survivants juifs dans des camps comme celui-ci. Où les Juifs étaient-ils censés aller ?

EN BAS : En 1947, les forces britanniques attaquent le navire *Exodus*. Elles refusent l'entrée en Palestine à 4 500 réfugiés juifs et les obligent à retourner en Europe. Trois passagers juifs sont tués, des dizaines d'autres, blessés.

Où les Juifs étaient-ils censés aller ?

Le régime stalinien et ses partis communistes nationaux ont trahi toute possibilité d'une extension de la révolution socialiste en Europe. Au début des années 1930, ils ont saboté toute opportunité révolutionnaire qui aurait pu unifier le mouvement ouvrier en Allemagne et permettre de vaincre les nazis avant qu'ils ne consolident leur pouvoir. En 1936-1937, ils ont sabordé la situation prérévolutionnaire en France en se joignant au gouvernement du soi-disant Front populaire, en alliance avec une aile de la classe capitaliste. Ils ont tourné leurs armes contre les travailleurs révolutionnaires qui combattaient les forces fascistes en Espagne, qui l'ont finalement emporté sur les travailleurs en 1939. Des victoires prolétariennes dans un ou plusieurs de ces pays auraient pu arrêter la catastrophe humaine de la Deuxième Guerre mondiale.

Après la guerre, des luttes révolutionnaires ont éclaté en Grèce, en France et en Italie. Mais les travailleurs armés, qui cherchaient une voie vers la révolution socialiste, se sont heurtés aux partis staliniens, qui voulaient éviter de nuire au partage des « sphères d'influence » en Europe entre Moscou, Washington et Londres. Sur les cendres de la guerre, les partis impérialistes démocrate et républicain ont instauré un nouvel ordre mondial, dominé par Washington, qui commence aujourd'hui à se fracturer.

Sous prétexte de lutter contre le fascisme, les impérialistes ont justifié leurs véritables objectifs de rapaces belliqueux en décrivant les populations de l'Allemagne et du Japon comme uniformément réactionnaires. Mais en lançant des bombes incendiaires contre les quartiers ouvriers des grandes villes allemandes et japonaises, les forces armées impérialistes américaines et britanniques cherchaient à étouffer les luttes ouvrières après la guerre. Washington poursuivait le même objectif en larguant ses bombes atomiques sur Hiroshima et Nagasaki.

C'est cette histoire, ce sont ces réalités de la lutte des classes, qui ont rendu la création d'Israël inévitable. Ce ne fut pas une « réalisation du sionisme ». Malgré les efforts de Londres et de Washington pour utiliser les tactiques de « diviser pour régner » aussi bien contre les Juifs que contre les Arabes (comme les puissances colonisatrices l'ont fait en Inde et au Pakistan, dans toute l'Afrique et ailleurs), la création d'Israël ne signifiait pas l'imposition d'un « État colonial de peuplement ».

Israël est devenu inévitable en tant que *refuge* pour les Juifs. Mais ce n'est pas une *solution* à la haine des Juifs ou aux pogroms. Il n'y a pas de sanctuaire possible pour les Juifs à l'époque impérialiste, où que ce soit dans le monde.

La défense du droit d'Israël d'exister est basée sur cette histoire. C'est un pays qui offre aux Juifs, de partout et à tout moment, un sanctuaire pour faire face à la persécution et à la violence.

Ce n'est que dans de telles conditions que les travailleurs en Israël et dans toute la région, qu'ils soient juifs, palestiniens ou d'une autre origine nationale, pourront disposer de l'espace politique nécessaire pour développer leur confiance les uns dans les autres et s'unir dans une lutte commune. Une telle solidarité de classe ouvrira la voie à la création d'un parti communiste, un parti prolétarien, capable de conduire la classe ouvrière et ses alliés opprimés et exploités vers une révolution socialiste.

Aujourd'hui, divers courants sionistes continuent d'affirmer, à tort, que la haine des Juifs est éternelle. Certains affirment également que la persécution des Juifs découle de préjugés inhérents à la classe ouvrière, qui rendront toujours nécessaire la création d'un État juif bourgeois isolé. Mais c'est le contraire qui est vrai.

En fait, c'est dans la classe ouvrière, aux États-Unis et ailleurs, que l'on trouve la plus profonde *aversion* pour le pogrom du 7 octobre. C'est là — et *non* parmi les couches professionnelles privilégiées et les classes moyennes ou sur les campus universitaires, où la haine des Juifs se développe aujourd'hui — que les travailleurs communistes trouvent la plus grande réceptivité pour la lutte contre la persécution des Juifs. C'est parmi les travailleurs que les communistes trouvent le plus grand intérêt pour une explication de pourquoi la lutte contre la haine des Juifs et les pogroms est d'une telle importance pour le mouvement ouvrier.

Lénine avait raison en 1903 lorsqu'il insistait sur « le lien qui existe *indubitablement* entre l'antisémitisme et les intérêts de la bourgeoisie, et pas ceux des sections ouvrières de la population ».

En 1937, Trotsky a posé la question de savoir si une fédération socialiste mondiale permettrait ou non « aux Juifs qui le souhaitent d'avoir leur propre république autonome comme arène de leur propre culture ». Un gouvernement prolétarien n'aurait jamais « recours à l'assimilation forcée », a-t-il dit, et il se pourrait « très bien que dans deux ou trois générations, les frontières d'une république juive indépendante, comme celles de beaucoup d'autres régions nationales, disparaissent. [...]

« J'ai en tête une période historique transitoire, pendant laquelle la question juive en tant que telle demeurera aigüe et requerra qu'une fédération mondiale d'États ouvriers prenne des mesures adéquates », a ajouté Trotsky. Une république juive autonome « sous le régime d'une fédération socialiste [aurait] une signification réelle et salutaire. [...] Comment pourrait s'y opposer un marxiste, ou même un démocrate conséquent ? »

En 1938, dans son « Appel aux Juifs américains menacés par le fascisme », Trotsky a expliqué que l'on peut s'attendre à ce que l'antisémitisme le plus virulent se produise dans les pays impérialistes les plus puissants, « surtout aux États-Unis ». Au milieu d'une catastrophe économique et sociale du capitalisme mondial et de progrès du fascisme, a dit Trotsky, on « peut imaginer sans peine ce qui attend les Juifs au tout début de la future guerre mondiale. Mais même sans guerre, le prochain développement de la réaction mondiale signifiera avec certitude *l'extermination physique des Juifs* ».

« Aujourd'hui plus que jamais », a conclu le dirigeant bolchevique, « le destin du peuple juif — non seulement son destin politique, mais aussi son destin physique — est indissolublement lié à la lutte émancipatrice du prolétariat international. »

Ces paroles restent vraies. Une révolution socialiste victorieuse aux États-Unis est à la fois nécessaire et possible. Ce qu'il faut, ce qui doit être construit, c'est un parti révolutionnaire de la classe ouvrière, politiquement armé d'un programme communiste et d'une direction prolétarienne ayant fait ses preuves dans la lutte.

C'est ce que le Parti socialiste des travailleurs s'efforce de construire : le parti de la révolution socialiste américaine ; une transformation révolutionnaire, s'inscrivant dans une révolution socialiste *mondiale* en expansion, qui ouvre la voie pour reconstruire la société sur la base de la solidarité humaine.

Le 30 mars 2024

CHAPITRE 2

Lénine et les bolcheviks : un parti ouvrier uni et la lutte contre les pogroms

Dès les premières années du 20e siècle, V. I. Lénine a dirigé, dans l'immense « prison des peuples » qu'était l'empire tsariste, la lutte politique pour construire un parti ouvrier uni et centralisé, un parti incorporant tous ceux qui acceptaient son programme, peu importe leurs origines linguistiques, nationales ou religieuses.

Ce parti ouvrier révolutionnaire discipliné, connu sous le nom de bolchevik à partir de 1903, s'est joint aux premières lignes de la lutte contre les pogroms antijuifs promus par les dirigeants capitalistes de la Russie. Le gouvernement prolétarien dirigé par les bolcheviks et porté au pouvoir par la victoire de la révolution d'Octobre 1917 a mis un terme à ces attaques brutales contre les Juifs.

La toute nouvelle Armée rouge a défendu le jeune gouvernement soviétique. Dirigée par Lénine et commandée par Léon Trotsky, la colonne vertébrale de cette armée de volontaires provenait des rangs des travailleurs les plus conscients politiquement, issus de toutes les nationalités de l'ancien empire tsariste. Au cours d'une guerre acharnée de trois ans, l'Armée rouge a non seulement écrasé les armées contre-révolutionnaires des capitalistes et des propriétaires terriens qui avaient été renversés en Russie. Elle a aussi vaincu les armées des puissances impérialistes de Londres, Paris, Washington, Tokyo et autres qui avaient envahi le pays.

La survie et la victoire du nouvel État ouvrier ont été en grande partie le résultat de la lutte intransigeante menée par les bolcheviks, avant, pendant et après la victoire d'Octobre, pour défendre les droits de toutes les nationalités opprimées dans l'ancien empire tsariste, y compris des millions de Juifs qui y vivaient. Les bolcheviks ont expliqué aux travailleurs et aux paysans les origines et le caractère réactionnaire de la haine des Juifs. Les deux premiers textes de Lénine datant de 1918 et 1919 en sont des exemples.

Les Juifs ne sont pas les ennemis des travailleurs ; les ennemis, ce sont les capitalistes de tous les pays

EXTRAIT D'UN DISCOURS ENREGISTRÉ SUR PHONOGRAPHE

V. I. LÉNINE, MARS 1919

Antisémitisme veut dire propager la haine contre les Juifs [1]. Quand la monarchie tsariste maudite vivait ses derniers jours, elle a cherché à dresser les travailleurs et les paysans ignorants contre les Juifs. En alliance avec les grands propriétaires fonciers et les capitalistes, la police tsariste a organisé des pogroms contre les Juifs. Les propriétaires fonciers et les capitalistes s'efforçaient de diriger contre les Juifs la haine des travailleurs et des paysans poussés à bout par la misère. Dans d'autres pays aussi, on voit souvent les capitalistes attiser la haine contre les Juifs afin d'aveugler les travailleurs et de détourner leur attention de l'ennemi des travailleurs, le capital. [...]

Ce ne sont pas les Juifs qui sont les ennemis des travailleurs. Ce sont les capitalistes de tous les pays qui sont les ennemis des travailleurs. Parmi les Juifs, il y a des travailleurs et ils forment la majorité. Ce sont nos frères. Comme nous, ils sont opprimés par le capital. Ce sont nos camarades dans la lutte pour le socialisme.

Parmi les Juifs, il y a des koulaks, des exploiteurs et des capitalistes, tout comme il y en a parmi les Russes et comme il y en a dans toutes les nations. Les capitalistes cherchent à semer et à attiser la haine entre les travailleurs de croyances différentes, de nationalités différentes et de races différentes. Ceux qui ne travaillent pas se maintiennent au pouvoir par la force et le pouvoir du capital. Les Juifs riches, comme les Russes riches et les riches de tous les pays, sont alliés les uns aux autres pour opprimer, écraser, piller et désunir les travailleurs.

Honte au tsarisme maudit qui torturait et persécutait les Juifs. Honte à ceux qui fomentent la haine envers les Juifs, à ceux qui sèment la haine contre les autres nations. Vive la confiance fraternelle et l'alliance combative des travailleurs de toutes les nations dans la lutte pour renverser le capital.

Les pogroms sont mortels pour la révolution des travailleurs et des paysans

EXTRAIT D'UNE RÉSOLUTION DU CONSEIL DES COMMISSAIRES DU PEUPLE

V. I. LÉNINE, JUILLET 1918

D'après les renseignements qui parviennent au Conseil des commissaires du peuple, les contrerévolutionnaires font campagne dans de nombreuses villes, en particulier dans les régions proches du front, pour lancer des pogroms, ce qui a mené à des attaques sporadiques contre la population laborieuse juive [2]. La contrerévolution bourgeoise a repris l'arme tombée des mains du tsar.

Chaque fois qu'il en a eu besoin, le gouvernement absolutiste a détourné contre les Juifs la colère populaire qui le visait, en disant aux masses ignorantes que tous leurs malheurs venaient des Juifs. [...]

Dans la République socialiste fédérative soviétique de Russie, où a été proclamé le principe de l'autodétermination des masses travailleuses de tous les peuples, l'oppression nationale n'a pas sa place. Les bourgeois juifs sont nos ennemis non en tant que Juifs, mais en tant que bourgeois. Le travailleur juif est notre frère.

Toute forme de haine contre n'importe quelle nation est inacceptable et honteuse.

Le Conseil des commissaires du peuple déclare que le mouvement antisémite et les pogroms contre les Juifs sont un danger mortel pour la cause de la révolution des travailleurs et des paysans. Il appelle le peuple travailleur de la Russie socialiste à combattre ce fléau par tous les moyens à sa disposition.

L'hostilité nationale affaiblit les rangs de nos révolutionnaires. Elle divise le front uni des travailleurs sans distinction de nationalités et ne sert que nos ennemis.

Le Conseil des commissaires du peuple ordonne à tous les députés des soviets de prendre des mesures intransigeantes pour déraciner complètement le mouvement antisémite. Il faut mettre hors la loi les pogromistes et ceux qui font de l'agitation pour commettre des pogroms.

Les massacres de Juifs suscitent le dégoût chez les travailleurs du monde entier

EXTRAIT D'UN DISCOURS À DES TRAVAILLEURS SUISSES SUR LA RÉVOLUTION RUSSE DE 1905

V. I. LÉNINE, JANVIER 1917

Le tsarisme a épanché son fiel surtout contre les Juifs [3].

D'une part, les Juifs fournissaient un pourcentage particulièrement élevé (par rapport à l'ensemble de la population juive) de dirigeants du mouvement révolutionnaire. Et aujourd'hui aussi, il faut noter au crédit des Juifs que le nombre d'internationalistes est relativement élevé parmi eux lorsqu'on les compare aux autres peuples.

D'autre part, le tsarisme savait très bien exploiter les préjugés antijuifs les plus infâmes des couches les plus incultes

Le gouvernement révolutionnaire et l'Armée rouge, dirigés par les bolcheviks, ont mis fin aux pogroms, ce qui a inspiré des Juifs et d'autres travailleurs à travers le monde.

EN HAUT : Léon Trotsky, commandant de l'Armée rouge, s'adresse aux soldats russes en 1918. L'Armée rouge a vaincu les armées des anciens capitalistes et propriétaires terriens de Russie et les forces d'invasion impérialistes. Elle a mis fin à la persécution des Juifs.

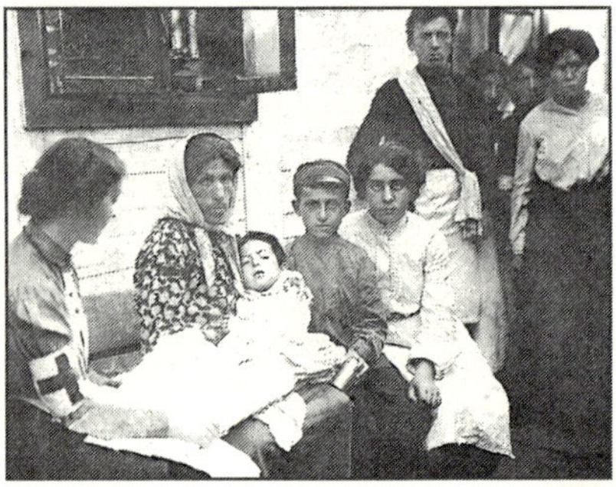

MUSÉE DE L'HÉRITAGE JUIF, NEW YORK

CI-CONTRE : Une famille juive agressée lors du pogrom de Biélostok en 1906, au cours duquel des bandes réactionnaires ont tué 80 Juifs. Avant même la révolution de 1917, Lénine et les bolcheviks appelaient les travailleurs à organiser des milices contre la violence antijuive.

EN BAS : Affiche antisémite par les contrerévolutionnaires en 1919, dépeignant Léon Trotsky, commandant de l'Armée rouge, comme un « démon » juif.

de la population pour organiser, sinon pour mener directement, des *pogroms*. On a compté plus de 4 000 tués et plus de 10 000 mutilés dans 100 villes. Ces monstrueux massacres de Juifs paisibles, de leurs femmes et de leurs enfants ont suscité le dégoût à travers le monde civilisé. Je veux évidemment parler du dégoût parmi les éléments vraiment démocratiques du monde civilisé, qui sont *exclusivement* les travailleurs socialistes, les prolétaires.

Même dans les pays les plus libres, même dans les républiques de l'Europe occidentale, la bourgeoisie sait fort bien associer ses phrases hypocrites sur les « atrocités russes » à ses tractations financières les plus éhontées, notamment son appui financier au tsarisme et son exploitation impérialiste de la Russie par l'exportation de capitaux, etc.

Organisez l'autodéfense contre les pogroms

V. I. LÉNINE, JUIN 1906

Beaucoup trop de matériaux inflammables se sont accumulés dans la vie sociale de la Russie [4]. Préparée par des siècles de violence, de souffrance, de torture, de pillages et d'exploitation sans précédent, la lutte est devenue trop générale et trop intense. [...] On ne peut même plus empêcher les « sujets » les plus opprimés et les plus ignorants de proclamer les revendications d'une dignité humaine et civile qui s'éveille. Le vieux pouvoir, qui a toujours fait les lois lui-même, lutte aujourd'hui pour son existence. Il recourt aux dernières méthodes, les plus désespérées, les plus sauvages et les plus violentes. On ne peut le maîtriser en lui demandant de respecter la loi.

Le pogrom de Biélostok est une indication particulièrement frappante du fait que le gouvernement a pris les armes contre le peuple. La vieille, mais toujours nouvelle histoire des pogroms russes — du moins jusqu'à ce que le peuple remporte la victoire, jusqu'à ce que les anciennes autorités soient complètement balayées ! […]

La police prépare le pogrom. La police le fomente : les imprimeries gouvernementales lancent des appels à massacrer les Juifs. Lorsque le pogrom commence, la police n'intervient pas. Les troupes assistent en silence aux exploits des Cent-Noirs.

Mais ensuite, cette même police continue sa comédie en poursuivant et en jugeant les pogromistes. Les enquêtes et les procès menés par les fonctionnaires du vieux pouvoir se terminent toujours de la même manière : l'affaire traîne en longueur ; aucun des pogromistes n'est trouvé coupable ; parfois même, des Juifs et des intellectuels battus et mutilés sont traînés devant les tribunaux ; les mois passent… et cette vieille mais toujours nouvelle histoire est oubliée jusqu'au prochain pogrom. […]

Oui, la population juive opprimée et torturée appréhende [d'être tenue responsable de sa propre persécution] et elle a toutes les raisons de le redouter. […] C'est la vérité. Mais *c'est loin d'être toute la vérité*, messieurs les députés de la Douma. […]

Vous savez que la population opprimée *n'osera pas* nommer les *véritables responsables* du pogrom. *Vous* [députés bourgeois libéraux et sociaux-démocrates réformistes qui prétendez être opposés au tsarisme] *devez le faire*. C'est pour cela que vous êtes députés du peuple. C'est pour cela que vous jouissez — même d'après les lois russes — de la *pleine* liberté de parole à la Douma. Ne vous placez donc pas *entre* la réaction et le peuple, au moment où la réaction armée étrangle, massacre et mutile une population sans armes. Prenez position *entièrement et franchement* pour le peuple.

Ne vous bornez pas à évoquer les inquiétudes des citoyens, qui craignent que les ignobles instigateurs des pogroms diront que ce sont les victimes assassinées qu'il faut blâmer. *Mettez franchement en accusation les vrais coupables,* c'est votre premier *devoir* envers le peuple. Ne demandez pas au gouvernement s'il prend des mesures pour protéger les Juifs et prévenir les pogroms, mais demandez-lui s'il continuera encore longtemps à couvrir les vrais responsables, qui font eux-mêmes partie du gouvernement. Demandez au gouvernement s'il pense que le peuple se laissera encore longtemps induire en erreur sur l'identité de ceux qui sont réellement coupables des pogroms.

Accusez le gouvernement ouvertement et publiquement. Appelez le peuple à organiser une milice et son autodéfense comme *seul* moyen de se protéger contre les pogroms. [...]

[Un député tsariste de la Douma] a carrément affirmé que l'allégation selon laquelle les pogroms sont dus à la haine raciale est un *mensonge* et que l'allégation selon laquelle ils proviennent de l'impotence des pouvoirs publics est une invention malicieuse. [Il] a énuméré un certain nombre de faits prouvant qu'il y a bien eu « collaboration » entre la police, les pogromistes et les Cosaques. « J'habite dans un grand centre industriel, a-t-il dit, et je sais que si le pogrom de Lougansk, par exemple, n'a pas pris des proportions effroyables, c'est *uniquement parce que* [écoutez bien cela, messieurs : uniquement parce que] *les travailleurs sans armes* ont chassé les pogromistes de leurs mains nues, au risque d'être tués par la police. »

Qu'est-ce qu'un pogrom ?

V. I. LÉNINE, DÉCEMBRE 1911

La monarchie russe ne peut répondre aux manifestations du peuple pour la liberté qu'en organisant des détachements d'individus qui saisissent les enfants juifs par les pieds pour leur briser la tête contre des pierres, qui violent les femmes juives ou géorgiennes et qui éventrent les vieillards [5].

Aucune nationalité en Russie n'est aussi opprimée et persécutée que les Juifs

EXTRAIT DU PROJET DE LOI SUR L'ÉGALITÉ EN DROIT DES NATIONS

V. I. LÉNINE, MARS 1914

La fraction ouvrière sociale-démocrate de Russie [bolchevique] à la Douma a décidé de déposer à la Quatrième Douma le projet de loi que vous trouverez ci-dessous et qui vise à abroger les restrictions imposées aux Juifs et autres non-Russes [6]. Vous trouverez le texte de ce projet de loi ci-dessous.

Ce projet de loi veut abroger toutes les restrictions nationales frappant toutes les nations : les Juifs, les Polonais, etc. Mais il s'arrête plus particulièrement sur les restrictions imposées aux Juifs. La raison en est évidente : aucune nationalité en Russie n'est aussi opprimée et persécutée que les Juifs.

L'antisémitisme pousse des racines toujours plus profondes parmi les couches possédantes. Les travailleurs juifs souffrent d'un double joug en tant que travailleurs et en tant que Juifs. Au cours des dernières années, les persécutions contre les Juifs ont pris des proportions invraisemblables. Il suffit de rappeler les pogroms antisémites. [...]

Ceci étant, les marxistes organisés doivent accorder à la question juive toute l'attention qu'elle mérite.

Il va de soi que cette question ne peut être vraiment résolue que conjointement avec les questions fondamentales auxquelles fait face la Russie aujourd'hui. Évidemment, nous n'attendons pas de la Quatrième Douma [qui est chauviniste grand-russe] qu'elle abroge les restrictions à l'encontre des Juifs et des autres non-Russes. Mais la classe ouvrière a pour devoir de faire entendre sa voix. Et la voix des travailleurs *russes* doit se faire entendre de manière particulièrement forte dans les dénonciations de l'oppression nationale.

PROJET DE LOI SUR L'ABROGATION DE TOUTES LES RESTRICTIONS AUX DROITS DES JUIFS ET DE TOUTES LES RESTRICTIONS LIÉES À L'ORIGINE OU LA NATIONALITÉ

1. Les citoyens de toutes les nationalités qui peuplent la Russie sont égaux devant la loi.

2. Aucun citoyen de Russie, quels que soient son sexe ou sa religion, ne peut voir léser ses droits politiques ni aucun de ses autres droits, en raison de son origine ou de sa nationalité.

3. Sont abrogés toutes les lois, tous les règlements temporaires, toutes les annexes aux lois, etc., limitant les droits des Juifs dans quelque domaine que ce soit de la vie sociale et publique. Est abrogé l'article 767, t. IX, stipulant que « les Juifs relèvent des lois générales *dans tous les cas où aucun règlement particulier n'a été établi à leur sujet* ». Sont abrogées les restrictions de toutes sortes imposées aux Juifs en ce qui concerne le droit de résidence et de déplacement, le droit à l'instruction, le droit de travailler à l'emploi de l'État et des services publics, le droit de vote, le service militaire, le droit d'acquérir et de prendre en location des biens immobiliers dans les villes, les villages, etc. ; sont abrogées toutes les restrictions imposées aux Juifs dans l'exercice des professions libérales, etc.

4. Ci-joint la liste des lois, dispositions, règlements temporaires, etc., qui limitent les droits des Juifs et qui sont à abroger.

Une grande révolution internationale

LÉON TROTSKY, 1929

Léon Trotsky était président du Soviet des députés des ouvriers et des soldats de Petrograd. Après Lénine, c'est lui qui a le plus contribué à la victoire de la révolution d'Octobre, qui a porté la classe ouvrière au pouvoir en Russie. Quelques jours après la prise du pouvoir, Lénine a proposé à Trotsky de diriger le commissariat (ministère) chargé de la sécurité de l'État et de la police dans le nouveau gouvernement révolutionnaire. Trotsky a décrit en 1929 l'échange qui suit avec Lénine dans son livre Ma vie.

Lénine [...] exigeait que je prenne la direction du commissariat de l'Intérieur, en disant que la principale tâche était alors de combattre la contrerévolution [7].

Je me suis objecté et, entre autres arguments, j'ai fait valoir la question des nationalités : était-il utile de donner à nos ennemis une arme supplémentaire comme mon origine juive ?

Lénine a presque perdu son calme. « Nous faisons une grande révolution internationale. Quelle importance peuvent avoir de telles vétilles ? »

Un parti prolétarien centralisé augmente la puissance de notre offensive

V. I. LÉNINE, FÉVRIER 1903

En 1903, deux batailles politiques décisives se sont livrées au sein du Parti ouvrier social-démocrate russe et ont défini le caractère d'un parti révolutionnaire capable de mener la classe ouvrière au pouvoir. La première a culminé au début de l'année, lorsqu'un groupe au sein du POSDR, appelé le Bund, a rompu avec le parti et s'est présenté comme une organisation « indépendante » de travailleurs juifs.

Qualifiant cette scission de « pure folie », Lénine a répliqué qu'une organisation ouvrière capable de renverser le tsarisme et la dictature du capital devait être un parti politiquement centralisé et composé de cadres de toutes origines, et non un parti fédéré de groupes nationaux autonomes.

La deuxième bataille politique, lors du Deuxième Congrès du POSDR plus tard dans l'année, a donné naissance aux bolcheviks dirigés par Lénine : un parti unifié de tous les révolutionnaires de Russie, ouvert à tout membre qui « accepte son programme » et « soutient le parti à la fois financièrement et par sa participation personnelle à l'une des organisations du parti ».

Voici quelques extraits de l'article de Lénine où il répond en février 1903 à la scission du Bund juif.

Le Bund [...] n'a fait qu'embrouiller la question et a semé dans la tête des travailleurs juifs des idées qui ont tendance à *obscurcir* leur conscience de classe [8]. Du point de vue de la lutte de l'ensemble de la classe ouvrière de Russie pour la liberté politique et pour le socialisme, la [scission] est une pure folie. [...]

Et ce fait profondément regrettable n'est pas un hasard. Une fois réclamée la « fédération » plutôt que l'autonomie dans les affaires qui concernent le prolétariat juif, vous *n'aviez d'autre choix que* de déclarer le Bund « parti politique indépendant » afin de réaliser *à tout prix* le principe d'une telle « fédération ».

Mais proclamer que le Bund est un parti politique distinct, c'est pousser jusqu'à l'absurde votre erreur fondamentale sur la question nationale, ce qui deviendra nécessairement et inévitablement le point de départ d'un changement dans les opinions du prolétariat juif et des sociaux-démocrates juifs en général.

Dans les statuts adoptés en 1898, l'« autonomie » garantit au mouvement ouvrier juif tout ce dont il peut avoir besoin : la propagande et l'agitation en yiddish, ses propres publications et congrès, le droit de présenter des revendications particulières pour compléter un programme social-démocrate commun et satisfaire aux besoins locaux et aux exigences découlant des particularités du mode de vie juif.

Pour tout le reste, il doit y avoir une fusion complète avec le prolétariat russe, dans l'intérêt de la lutte de tout le prolétariat de Russie. En ce qui concerne la crainte d'être « écrasé » dans cette fusion, elle est sans fondement, précisément parce que l'autonomie constitue une garantie contre toute ingérence de la majorité dans les questions concernant spécifiquement le mouvement *juif*.

Mais dans les questions relatives à la lutte contre l'autocratie, à la lutte contre la bourgeoisie de toute la Russie, nous devons agir en tant qu'organisation de combat unique et centralisée. Nous devons nous appuyer sur l'ensemble du prolétariat, sans distinction de langue et de nationalité, un prolétariat soudé dans la solution commune et constante des questions de théorie et de pratique, de tactique et d'organisation.

Nous ne devons pas créer des organisations qui marcheraient séparément, chacune suivant son chemin. Nous ne devons pas affaiblir la force de notre offensive en nous divisant en un grand nombre de partis politiques indépendants. Nous ne devons pas instaurer un morcellement et un cloisonnement pour ensuite avoir à soigner à l'aide des pansements de la fameuse « fédération » une maladie que nous nous serions artificiellement inoculée.

Forger un mouvement américain plus large

JAMES P. CANNON

Tiré de The First Ten Years of American Communism : Report of a Participant, *de James P. Cannon, le récit suivant apporte un éclairage supplémentaire sur l'opposition de Lénine à la fragmentation selon des lignes nationales d'un parti prolétarien centralisé.*

Cannon a été l'un des dirigeants fondateurs du Parti communiste aux États-Unis en 1919. Dans les premières années d'existence du parti, il a fait partie d'un courant politique qui prônait la transformation du PC d'une structure fédérée de groupes linguistiques concurrents issus de l'immigration en un parti prolétarien révolutionnaire centralisé, organisé politiquement selon les principes bolcheviques.

Dans le court extrait qui suit, Cannon rappelle la contribution des membres juifs du parti à cette lutte pour l'« américanisation » du PC, comme on appelait cette transformation dans le parti à l'époque.

Notre alliance avec les dirigeants juifs reposait sur une base solide [9].

Il peut sembler incongru qu'un nouveau combat pour l'« américanisation », avec une orientation ouvertement prolétarienne, syndicale et du Midwest et une direction américaine de souche, ait commencé par une alliance avec les dirigeants juifs, qui étaient tous des New-Yorkais et des intellectuels par-dessus le marché. Mais ce n'était pas aussi contradictoire en réalité qu'il n'y paraît sur papier.

Les communistes juifs étaient de loin plus assimilés à la vie américaine que les autres groupes de langue étrangère. Ils avaient une appréciation plus réaliste de l'importance décisive d'avoir une direction du parti qui apparaîtrait comme un véritable produit américain.

Ils voulaient faire partie d'un mouvement américain plus large et pas simplement être les dirigeants d'une secte futile de New-Yorkais et de communistes nés à l'étranger. Je pense que c'était leur principale motivation pour s'allier à nous, et c'était une motivation politiquement sensée de leur part.

CHAPITRE 3

L'internationalisme prolétarien, pas le nationalisme bourgeois réactionnaire

La révolution bolchevique d'octobre 1917 a inspiré l'un des plus grands progrès révolutionnaires de l'histoire de l'humanité, comparable seulement à la profondeur et à l'impact du renversement de la monarchie française en 1789.

À la sortie du carnage impérialiste de la Première Guerre mondiale, les classes ouvrières d'Allemagne et de Hongrie ont cherché à suivre l'exemple des travailleurs et des paysans de l'empire tsariste. Une montée de luttes ouvrières s'est répandue au Royaume-Uni, en Italie, aux États-Unis et dans d'autres pays. Des rébellions contre la domination impérialiste ont secoué le monde colonial en Asie, au Moyen-Orient, en Afrique et dans les Amériques.

Le rapport de V. I. Lénine au Deuxième Congrès de l'Internationale communiste en 1920 sur les « Thèses sur les questions nationale et coloniale » et sa première ébauche de ces thèses ont clairement défini les lignes de classe à partir desquelles les organisations ouvrières révolutionnaires sont obligées de distinguer entre les différents mouvements et organisations politiques dans les pays coloniaux et semi-coloniaux. Toujours et partout, l'objectif est de faire progresser la conscience politique de la classe ouvrière dans la lutte contre l'impérialisme et de faire avancer la révolution socialiste mondiale.

Les commentaires de Léon Trotsky en 1934 sur la lutte contre la persécution des Juifs s'inscrivent dans le même cadre communiste, tant au niveau théorique que des conséquences pratiques.

Les communistes soutiennent des mouvements pour aider à éduquer et à organiser les travailleurs exploités

EXTRAIT D'UN RAPPORT SUR LES QUESTIONS NATIONALE ET COLONIALE, DEUXIÈME CONGRÈS DE L'INTERNATIONALE COMMUNISTE

V. I. LÉNINE, JUILLET 1920

Il n'y a pas le moindre doute que tout mouvement national révolutionnaire ne peut être que démocratique bourgeois, car la grande masse de la population des pays arriérés est composée de paysans, qui représentent des rapports capitalistes bourgeois [1]. Il serait utopique de croire que des partis prolétariens dans ces pays arriérés, en admettant qu'ils puissent en général y faire leur apparition, puissent poursuivre une tactique communiste et une politique communiste sans avoir des rapports déterminés avec le mouvement paysan et sans lui donner un soutien concret.

Mais des objections ont été faites : si nous parlons de mouvement démocratique bourgeois, nous effacerons toute distinction entre mouvement réformiste et mouvement révolutionnaire. Or ces temps derniers, la différence est apparue en toute clarté dans les pays arriérés et coloniaux : la bourgeoisie impérialiste fait tout ce qu'elle peut pour y implanter un mouvement réformiste parmi les peuples opprimés.

Un certain rapprochement s'est fait entre la bourgeoisie des pays exploiteurs et celle des colonies. Très souvent, et peut-être même dans la majorité des cas, la bourgeoisie des pays opprimés, tout en soutenant les mouvements nationaux, est en même temps entièrement d'accord avec la bourgeoisie impérialiste : elle lutte avec celle-ci contre les mouvements révolutionnaires et les classes révolutionnaires. Ceci a été démontré d'une façon irréfutable à la commission et nous avons estimé que la seule position correcte était de tenir compte de cette distinction et de remplacer presque partout l'expression « démocratique bourgeois » par celle de « national révolutionnaire ».

Ce changement signifie que, en tant que communistes, nous ne devrons soutenir et nous ne soutiendrons les mouvements bourgeois de libération dans les colonies que dans les cas où ceux-ci sont réellement révolutionnaires et que leurs représentants ne s'opposent pas à notre travail d'éducation et d'organisation dans un esprit révolutionnaire de la paysannerie et des larges masses exploitées.

« Les communistes ne soutiennent les mouvements bourgeois de libération nationale dans les colonies que lorsqu'ils sont vraiment révolutionnaires et qu'ils ne nous empêchent pas d'éduquer et d'organiser les masses dans un esprit révolutionnaire. » ***—V. I. Lénine, 1920***

Révolte anti-impérialiste en Chine, juin 1919. La Révolution russe a encouragé un essor des luttes anticoloniales et révolutionnaires en Asie et au Moyen-Orient.

Mars 1919. Manifestation de paysans égyptiens au Caire lors d'une rébellion contre la domination britannique.

À DROITE : Lénine prend la parole devant l'Internationale communiste, en juillet 1920, à Pétrograd, en Russie. Sous sa direction, l'Internationale a appuyé les luttes contre le colonialisme et l'oppression impérialiste.

ARCHIVES HUMBERT-DROZ

Les communistes, a dit Lénine, « doivent combattre le panislamisme et autres courants analogues » qui renforcent les « positions des khans, des propriétaires fonciers et des mollahs ».

CI-DESSUS : Août 1929 en Palestine, alors sous contrôle britannique. Survivants d'un pogrom, au cours duquel plus de 130 Juifs ont été massacrés. L'attaque a été fomentée par des forces islamistes réactionnaires qui tentaient de détourner l'opposition populaire au colonialisme britannique vers la violence antijuive.

Pour faire avancer la libération nationale, combattons les forces réactionnaires dans le monde colonial

EXTRAIT DE L'ÉBAUCHE DES THÈSES SUR LES QUESTIONS NATIONALE ET COLONIALE, DEUXIÈME CONGRÈS DE L'INTERNATIONALE COMMUNISTE

V. I. LÉNINE, JUIN 1920

Le nationalisme petit-bourgeois appelle internationalisme la simple reconnaissance de l'égalité des nations, rien de plus [2]. Non seulement cette reconnaissance n'est que purement verbale, mais le nationalisme petit-bourgeois laisse intact l'égoïsme national. De son côté, l'internationalisme prolétarien exige, premièrement, que les intérêts de la lutte prolétarienne dans un pays soient subordonnés aux intérêts de cette lutte à l'échelle mondiale. Et deuxièmement, que les nations en train de vaincre la bourgeoisie soient capables et prêtes à accepter les plus grands sacrifices nationaux en faveur du renversement du capital international.

Ainsi, dans les États déjà complètement capitalistes et où existent des partis ouvriers qui agissent réellement comme l'avant-garde du prolétariat, la lutte contre les distorsions pacifistes, opportunistes et petites-bourgeoises du concept et de la politique de l'internationalisme est la première et la plus importante des tâches.

Quant aux États et nations plus arriérés, où prédominent des rapports féodaux, ou patriarcaux et patriarcaux-paysans, il faut tout particulièrement avoir présent à l'esprit :

Premièrement, que tous les partis communistes doivent aider le mouvement de libération démocratique bourgeois de ces pays. Et la tâche d'apporter l'aide la plus active incombe principalement aux travailleurs du pays dont dépend la nation arriérée, soit comme colonie, soit au niveau financier.

Deuxièmement, qu'il faut lutter contre le clergé et les autres éléments réactionnaires et moyenâgeux influents dans les pays arriérés.

Troisièmement, qu'il faut combattre le panislamisme et les autres courants semblables, qui cherchent à conjuguer le mouvement de libération contre l'impérialisme européen et américain avec un effort pour renforcer les positions des khans, des propriétaires fonciers, des mollahs, etc.

Quatrièmement, que dans les pays arriérés, il faut soutenir spécialement le mouvement paysan contre les propriétaires fonciers, contre la propriété foncière et contre toutes les manifestations ou survivances du féodalisme, et chercher à conférer au mouvement paysan le caractère le plus révolutionnaire en réalisant l'alliance la plus étroite possible entre le prolétariat communiste d'Europe occidentale et le mouvement paysan révolutionnaire des pays d'Orient, des colonies et en général des pays arriérés. Il est particulièrement nécessaire d'exercer tous les efforts pour appliquer les principes essentiels du système des soviets dans les pays où dominent des rapports précapitalistes, en créant des « soviets de travailleurs », etc.

Cinquièmement, qu'il faut lutter résolument contre les efforts pour donner une couleur communiste aux courants de libération démocratiques bourgeois des pays arriérés. L'Internationale communiste ne doit appuyer les mouvements nationaux démocratiques bourgeois des colonies et des pays arriérés qu'à la condition que, dans ces pays, les éléments des futurs partis prolétariens, qui seront communistes non seulement en nom, soient regroupés et éduqués pour comprendre leurs tâches particulières, celles de lutter contre les mouvements démocratiques bourgeois de leur propre nation. L'Internationale communiste doit conclure une alliance temporaire avec la démocratie bourgeoise des pays coloniaux et arriérés, mais ne pas fusionner avec elle et maintenir en toute circonstance l'indépendance du mouvement prolétarien, même sous sa forme la plus embryonnaire.

Sixièmement, qu'il faut expliquer et dénoncer inlassablement devant les larges masses laborieuses de tous les pays, et particulièrement des pays arriérés, la duperie pratiquée systématiquement par les puissances impérialistes qui, sous le couvert d'États politiquement indépendants, créent des États qui leur sont entièrement dépendants au niveau économique, financier et militaire. Dans la situation internationale actuelle, il n'y a pas de salut pour les nations dépendantes et faibles en dehors d'une union de républiques soviétiques.

La question juive ne peut être résolue dans le cadre du capitalisme

EXTRAIT D'UNE ENTREVUE PUBLIÉE DANS LA REVUE *CLASS STRUGGLE*

LÉON TROTSKY, FÉVRIER 1934

QUESTION : L'Opposition de gauche doit-elle formuler des revendications particulières pour rallier la classe ouvrière juive aux États-Unis [3] ?

LÉON TROTSKY : Le rôle du travailleur juif émigré aux États-Unis sera grand et même, à certains égards, décisif dans la révolution prolétarienne américaine. Il n'y a pas de doute que l'Opposition de gauche doit faire tout son possible pour pénétrer dans la vie des travailleurs juifs. [...]

QUESTION : Dans les milieux juifs, on vous considère comme un « assimilateur ». Quelle est votre position sur l'assimilation ?

TROTSKY : Je ne comprends pas pourquoi on me considère comme un « assimilateur ». De façon générale, je ne sais pas ce que veut dire ce mot.

Je suis, bien entendu, opposé au sionisme et à toute forme semblable d'auto-isolement de la part des travailleurs juifs. J'appelle les travailleurs juifs en France à mieux connaître les problèmes de la vie française et de la classe ouvrière française. Sans cela, il leur sera difficile de participer au mouvement ouvrier du pays où ils sont exploités.

Étant donné que le prolétariat juif est dispersé dans plusieurs pays, il faut que le travailleur juif, outre sa propre langue, cherche à apprendre la langue des autres pays comme une arme dans la lutte des classes.

Qu'est-ce que cela a à voir avec l'« assimilation » ?

QUESTION : Le Parti communiste officiel [aux États-Unis] a caractérisé très fermement les événements entre Juifs et Arabes en Palestine en 1929 comme un soulèvement révolutionnaire des masses arabes opprimées. Que pensez-vous de cette analyse ? [NOTE DE LA RÉDACTION. En août 1929, des bandes arabes ont pris pour cible des Juifs à Hébron et ailleurs en Palestine, tuant plus de 130 Juifs. De plus, 116 Arabes ont été tués, la plupart abattus par la police impérialiste britannique. L'Internationale communiste dirigée par Staline et ses partis aux États-Unis et ailleurs ont salué ce pogrom antijuif comme une rébellion révolutionnaire.]

TROTSKY : Malheureusement, je ne connais pas assez les faits pour me risquer à donner une opinion catégorique. Je suis en train d'étudier la question.

Il me sera alors plus facile de déterminer dans quelle proportion et dans quelle mesure étaient présents des éléments comme des partisans de la libération nationale (des anti-impérialistes), des musulmans réactionnaires et des pogromistes antisémites.

À première vue, il me semble que tous ces éléments étaient là.

QUESTION : Quelle est votre position sur la Palestine en tant qu'éventuelle « patrie » pour les Juifs et, d'une façon générale, sur un pays pour les Juifs ?

TROTSKY : Aussi bien l'État fasciste en Allemagne que la lutte arabo-juive fournissent de nouvelles occasions de vérifier le principe voulant que la question juive ne peut pas être résolue dans le cadre du capitalisme.

J'ignore si le judaïsme pourra se reconstruire en tant que nation. Mais il n'y a aucun doute que seule la révolution prolétarienne peut créer les conditions matérielles nécessaires à l'existence du peuple juif en tant que nation indépendante.

Il n'y a pas de place sur notre planète pour l'idée que l'un aurait plus de droit que l'autre à un pays.

L'établissement d'une base territoriale pour le peuple juif en Palestine ou dans tout autre pays n'est concevable que par une immigration de masse. Le socialisme victorieux peut seul prendre en charge une telle tâche. On peut prévoir que cela pourrait se réaliser soit sur la base d'une entente mutuelle, soit par le recours à un tribunal prolétarien international qui prendrait en main cette question et la réglerait.

L'impasse dans laquelle se trouvent les Juifs d'Allemagne, comme l'impasse dans laquelle se trouve le sionisme, sont inséparablement liées à l'impasse du capitalisme mondial dans son ensemble. Ce n'est que lorsque les travailleurs juifs verront clairement cette relation qu'ils seront immunisés contre le pessimisme et le désespoir.

CHAPITRE 4

Poursuivre le cours de Lénine face à la contrerévolution stalinienne

En 1922-1923, V. I. Lénine a initié la bataille politique pour maintenir le cours internationaliste prolétarien de l'Internationale communiste et de ses partis, un cours visant à étendre la révolution socialiste mondiale. Lénine a cherché avant tout le soutien de Léon Trotsky dans cette énorme tâche, et c'est Trotsky qui a poursuivi et dirigé ce combat après la mort de Lénine en 1924.

Les défis à relever pour diriger l'Internationale communiste étaient étroitement liés à la consolidation et aux progrès de la jeune république soviétique dirigée par les bolcheviks. Dès le début, le gouvernement révolutionnaire a cherché à établir une fédération qui regrouperait sur un pied d'égalité la Russie prolétarienne et les peuples opprimés enfermés depuis longtemps dans l'ancienne prison tsariste des nations, qui s'étendait de l'actuelle Ukraine à l'océan Pacifique.

Une telle union ne pouvait se réaliser que par la participation *volontaire* de ces peuples, dont le nouveau gouvernement reconnaissait le droit inconditionnel à l'autodétermination nationale.

En 1922, plus de 20 républiques et régions autonomes avaient déjà décidé de se joindre à une telle union volontaire. Mais Lénine s'est opposé à la proposition de Joseph Staline que ces nations « intègrent » la République socialiste fédérative soviétique de Russie, créée peu après la révolution. À la place, Lénine a insisté pour que les Russes se joignent à d'autres nationalités « sur un pied d'égalité dans une nouvelle union, une nouvelle fédération », qui est devenue en décembre 1922 l'Union des républiques socialistes soviétiques (URSS). Staline a accepté à contrecoeur ce qu'il a appelé les « amendements sans importance » du dirigeant bolchevik qui, selon lui, reflétaient le « libéralisme national du camarade Lénine ».

En agissant au cours des années suivantes de manière à favoriser les couches bureaucratiques croissantes au sein du gouvernement soviétique et du Parti communiste, Staline a poursuivi un cours contrerévolutionnaire qui a élevé les intérêts de ces couches sociales privilégiées par-dessus ceux des travailleurs et des autres nationalités. Afin de servir les intérêts de cette caste bureaucratique, Staline a abandonné le cours internationaliste prolétarien de Lénine, qui subordonnait les intérêts de la Russie soviétique au renforcement des luttes ouvrières et anticoloniales révolutionnaires ailleurs dans le monde.

Dans le cadre de cette contrerévolution politique visant Lénine et le bolchevisme, Staline et les couches privilégiées qu'il représentait ont utilisé la haine des Juifs de plus en plus ouvertement et impitoyablement.

« Je déclare une guerre à mort au chauvinisme grand-russe »

NOTE AU BUREAU POLITIQUE

V. I. LÉNINE, OCTOBRE 1922

Je déclare une guerre à mort au chauvinisme grand-russe [1]. Aussitôt que je serai délivré de ma maudite dent, je le dévorerai avec toutes mes dents saines.

Il faut *absolument* insister pour que le Comité exécutif central [de l'Union soviétique] soit *présidé* à tour de rôle par un Russe, un Ukrainien, un Géorgien, etc.

Absolument !

Lettre de Lénine sur la question nationale au 12e Congrès du parti

LYDIA FOTIÉVA, AVRIL 1923

La lettre suivante de Lydia Fotiéva, secrétaire personnelle de V. I. Lénine, a été écrite à Lev Kamenev, avec copie à Léon Trotsky. Tous deux étaient membres du Bureau politique du Parti communiste de l'Union soviétique. Lydia Fotiéva fait ici référence à « l'article sur la question nationale » écrit par Lénine le 31 décembre 1922, mais non publié. Cet article faisait partie d'une lettre adressée au 12e Congrès du parti, dont on trouvera un extrait plus loin dans ce chapitre. En raison d'accidents vasculaires cérébraux survenus en décembre 1922 et mars 1923, Lénine n'a pas pu présenter lui-même son point de vue aux délégués, comme il l'avait initialement prévu.

Lorsque le congrès s'est ouvert le 17 avril 1923, le comité chargé de le présider a refusé de communiquer aux délégués le point de vue de Lénine sur la question nationale (ou sur tout autre élément de la lettre) et a décidé qu'on n'allait pas en débattre. Le congrès a plutôt adopté une résolution présentée par Staline qui, sans mentionner les opinions de Lénine, a mis en garde contre « une nouvelle théorie selon laquelle le prolétariat grand-russe doit être placé dans une position d'inégalité par rapport aux anciennes nations opprimées ». Aucune des propositions de Lénine n'a été communiquée aux délégués, ni aucune mesure prise à leur sujet.

Au camarade Kamenev (avec copie au camarade Trotsky) [2],

Pour compléter notre entretien téléphonique, je vous informe, en tant que président par intérim du Bureau politique, de ce qui suit :

Comme je vous l'ai déjà dit, le 31 décembre 1922, Vladimir Ilitch a dicté un article sur la question nationale.

Cette question l'a beaucoup préoccupé et il s'apprêtait à en parler au congrès du parti. Peu avant sa dernière maladie, il m'a dit qu'il publierait cet article, mais plus tard. Ensuite, il est tombé malade sans donner d'instructions définitives.

Vladimir Ilitch considérait cet article comme un article d'orientation extrêmement important. À sa demande, il a été communiqué au camarade Trotsky, que Vladimir Ilitch a autorisé à défendre son point de vue sur cette question au congrès du parti étant donné leur solidarité sur ce point.

À la demande de Vladimir Ilitch, la seule copie de l'article en ma possession est conservée dans ses archives secrètes.

Je porte ces faits à votre attention.

Je n'ai pas pu le faire plus tôt car je n'ai repris le travail qu'aujourd'hui après une maladie.

« Pas la moindre grossièreté ou injustice envers les autres nationalités »

EXTRAIT D'UNE LETTRE AU 12e CONGRÈS DU PARTI

V. I. LÉNINE, DÉCEMBRE 1922

Le tort causé à notre État par le manque d'unité entre les appareils nationaux et l'appareil russe est infiniment moindre que celui que ce manque d'unité causera non seulement à nous, mais à toute l'Internationale et aux centaines de millions de personnes en Asie qui sont bientôt destinées à nous suivre sur la scène de l'histoire [3].

Ce serait un opportunisme impardonnable si, au moment où l'Orient se prépare à entrer en scène, au moment même où il s'éveille, nous ruinions notre autorité à ses yeux par la moindre grossièreté ou injustice à l'égard de nos propres nationalités non russes. La nécessité de se rassembler contre les impérialistes d'Occident, qui défendent le monde capitaliste, c'est une chose. Il n'y a aucun doute sur ce point et il serait superflu pour moi de parler de l'appui inconditionnel que je lui donne.

Mais c'est une tout autre chose quand nous adoptons nous-mêmes, ne serait-ce que sur des questions de détail, des attitudes impérialistes à l'égard des nationalités opprimées, ce qui éveille la suspicion sur tous nos principes de sincérité et de défense de la lutte contre l'impérialisme. À l'échelle de l'histoire mondiale, c'est demain qu'on assistera à l'éveil définitif des peuples opprimés par l'impérialisme et que commencera la longue et âpre bataille pour leur affranchissement.

Le programme de la révolution internationale ou le socialisme dans un seul pays

EXTRAIT DU « PROJET DE PROGRAMME DE L'INTERNATIONALE COMMUNISTE, UNE CRITIQUE DES PRINCIPES FONDAMENTAUX »

LÉON TROTSKY, 1928

À notre époque, qui est l'époque de l'impérialisme, c'est-à-dire de l'économie *mondiale* et de la politique *mondiale* sous l'hégémonie du capital financier, pas un seul parti communiste ne peut élaborer son programme en partant uniquement ou principalement des conditions et tendances de développement de son propre pays [4]. Cette constatation est aussi pleinement valable pour le parti qui exerce le pouvoir d'État à l'intérieur des frontières de l'URSS.

Le 4 août 1914 [jour où ont retenti les premières salves de la Première Guerre mondiale impérialiste], le glas des programmes nationaux a sonné pour toujours. Le parti révolutionnaire du prolétariat ne peut se baser que sur un programme international correspondant au caractère de l'époque actuelle, l'époque du plus haut développement et de l'effondrement du capitalisme.

Un programme communiste international n'est en aucun cas la somme de programmes nationaux ou un amalgame de leurs caractéristiques communes. Le programme international doit découler directement d'une analyse des conditions et des tendances de l'économie mondiale et du système politique mondial pris dans son ensemble, avec toutes ses connexions et ses contradictions, c'est-à-dire avec l'interdépendance mutuellement antagoniste de ses différentes parties.

À l'époque actuelle, dans une mesure beaucoup plus grande que par le passé, l'orientation nationale du prolétariat ne doit être et ne peut être que le résultat d'une orientation mondiale et non l'inverse. C'est là que réside la différence fondamentale et primordiale entre l'internationalisme communiste et toutes les variétés de socialisme national. [...]

Nous n'avons pas cessé d'insister sur ces considérations depuis 1923-1924, lorsque la question des États-Unis d'Amérique s'est posée dans toute son ampleur comme un problème de politique *mondiale* et, au sens le plus direct de ces mots, de politique *européenne.* [...]

Le *nouveau* rôle de l'Amérique en Europe, depuis la capitulation du Parti communiste allemand et la défaite du prolétariat allemand en 1923, n'a absolument pas été évalué. Aucune tentative n'a été faite pour expliquer que la période de « stabilisation », de « normalisation » et de « pacification » de l'Europe ainsi que de « régénération » de la social-démocratie s'est déroulée en liaison matérielle et idéologique étroite avec les premiers pas de l'intervention américaine dans les affaires européennes. [...]

Il n'y a pas eu la moindre mention du fait (et c'est un aspect tout aussi important de la même période mondiale) que ce sont précisément la force internationale des États-Unis et leur expansion irrésistible qui en découle qui les obligent à inclure dans les fondements de leur structure les poudrières du monde entier, c'est-à-dire tous les antagonismes entre l'Orient et l'Occident, la lutte des classes dans la vieille Europe, les soulèvements des masses coloniales, de même que toutes les guerres et révolutions.

D'une part, cela transforme le capitalisme nord-américain en force contrerévolutionnaire fondamentale de l'époque moderne, constamment plus intéressée par le maintien de l'« ordre » dans tous les coins du globe terrestre. Et d'autre part, cela prépare le terrain pour une explosion révolutionnaire gigantesque dans cette puissance impérialiste mondiale déjà dominante et toujours en expansion. La logique des relations mondiales indique que le moment de cette explosion ne peut être très loin derrière celui de la révolution prolétarienne en Europe. [...]

Si au cours de la dernière décennie, la source principale des situations révolutionnaires réside dans les conséquences directes de la guerre impérialiste, au cours de la deuxième décennie d'après-guerre, la source la plus importante des bouleversements révolutionnaires sera l'interaction entre l'Europe et l'Amérique. Une crise majeure aux États-Unis sonnera le tocsin pour de nouvelles guerres et révolutions.

Nous le répétons : les situations révolutionnaires ne manqueront pas. Toute la question repose sur le parti international du prolétariat, la maturité et la capacité de combat de l'Internationale communiste et la justesse de sa position stratégique et de ses méthodes tactiques.

La trahison des luttes ouvrières par les partis communistes et socialistes a ouvert la voie à la boucherie impérialiste de la Deuxième Guerre mondiale et à l'Holocauste par les nazis.

MUSÉE HISTORIQUE ALLEMAND

EN HAUT : Berlin, 1933. Les troupes d'assaut nazies s'emparent d'un siège syndical. Quand le parti communiste allemand a refusé de former avec les sociaux-démocrates un front uni pour repousser la terreur nazie, les fascistes ont pris le pouvoir et écrasé le mouvement ouvrier sans combat.

AU CENTRE : Espagne, 1936. Les travailleurs forment des milices pour défendre la république contre la révolte fasciste menée par le général Franco. La révolution a échoué quand les dirigeants du PC stalinien ont subordonné les luttes des travailleurs au gouvernement du Front populaire, une coalition du PS, de capitalistes et de propriétaires terriens.

EN BAS : France, mai 1936. Les ouvriers occupent l'usine Renault pendant une vague de grèves avec occupation de plus de 2 millions d'ouvriers, menaçant de renverser le gouvernement capitaliste. Les Partis communiste et socialiste ont rejoint le gouvernement du Front populaire et appelé à l'« harmonie sociale » avec les patrons, ce qui a démobilisé la révolte révolutionnaire.

Le régime stalinien fait revivre les traditions antisémites du tsarisme

EXTRAIT D'UNE ENTREVUE AVEC LE *JEWISH DAILY FORWARD*

LÉON TROTSKY, JANVIER 1937

Ce qui distingue la nouvelle constitution [soviétique de 1936] de l'ancienne, c'est qu'elle essaie *de renforcer et de perpétuer les vastes privilèges économiques et la dictature absolue de la bureaucratie soviétique* [5].

Vous m'interrogez sur le procès des seize. Là-dessus, je suis en train de terminer un petit livre dans lequel j'espère prouver à toute personne critique et honnête que les procès de Moscou constituent la plus grande falsification de l'histoire politique du monde entier. Des procès historiques bien connus comme le fameux procès Beilis dans la Russie tsariste, celui de Dreyfus en France, celui de l'incendie du Reichstag en Allemagne sont des jeux d'enfant quand on les compare à celui des seize. Et de nouveaux procès se préparent. [...]

Plus les privilèges de la caste dirigeante soviétique grandissent, plus elle doit réprimer brutalement toute voix de critique et d'opposition. Elle ne peut cependant, devant l'ensemble du peuple, punir ouvertement ses adversaires pour avoir exigé plus d'égalité et plus de liberté. Elle est obligée de porter de fausses accusations contre les membres de l'Opposition. Dès 1927, il m'est apparu clairement que la bureaucratie attribuerait à l'Opposition différents crimes horribles et qu'elle devrait étouffer l'indépendance des masses populaires pour que la vérité n'explose pas au grand jour.

Pour développer ces idées, j'ai écrit le 4 mars 1929 : « Il ne reste qu'une chose à Staline : essayer de tracer une ligne de sang entre le parti officiel et l'Opposition. *Il doit absolument lier l'Opposition à des crimes terroristes, à la préparation d'une insurrection armée, etc.* » [...]

Vous me demandez s'il existe un lien entre le procès de Moscou et l'antisémitisme. Absolument ! [...] Quiconque suit avec attention la vie intérieure de l'Union soviétique, lit la presse soviétique, ligne par ligne et entre les lignes, a clairement vu depuis longtemps que les bureaucrates soviétiques jouent un double jeu sur la question juive comme sur d'autres questions.

En paroles, bien sûr, ils se prononcent contre l'antisémitisme. Non seulement ils traînent devant les tribunaux des pogromistes fanatiques, mais ils en fusillent. Mais en même temps, ils exploitent systématiquement les préjugés antisémites afin de compromettre tout groupe de l'Opposition. Dans les commentaires sur le déroulement des procès politiques, sur les goûts artistiques des accusés, sur la nature de leur position sociale, on laisse toujours entendre, invariablement, que l'Opposition est un produit de l'intelligentsia juive.

Il faut le dire ouvertement : sur ce plan, la bureaucratie stalinienne a ressuscité sous une forme plus polie la tradition de la bureaucratie tsariste. Le développement économique et culturel de toutes les autres nationalités de l'Union soviétique souffre également de la dictature de la bureaucratie bonapartiste.

Les tentatives pour nous représenter, moi et ceux qui partagent mes idées, comme des ennemis de l'Union soviétique

« La bureaucratie stalinienne a ravivé l'antisémitisme du régime tsariste. » ***—Léon Trotsky, 1937***

EN HAUT : De 1936 à 1938, le régime de Staline a organisé des procès au cours desquels des dirigeants centraux de la révolution bolchevique, dont Léon Trotsky, alors en exil au Mexique, ont été condamnés à mort. Beaucoup ont été présentés comme des « Juifs sans foi ni loi » qui se vendaient au régime nazi. Ici, une caricature antisémite publiée en 1937 par le régime soviétique illustre « le judas Trotsky ».

FULL ABSTRACT OF COMMISSION REPORT--Page 5

SOCIALIST APPEAL

Published Weekly as the Organ of the Socialist Party of New York, Left Wing Branches.

Vol. I. - No. 28. Saturday, December 18, 1937 5 Cents per Copy

"Trotsky Innoc

Trials Fram

« Trotsky innocent, procès truqués »

AU CENTRE : Décembre 1937, le Parti socialiste des travailleurs dénonce les procès de Moscou dans son journal.

EN BAS : Dans le fameux « Complot des médecins », neuf médecins, dont six Juifs, ont été emprisonnés sous des accusations de conspiration pour tuer des dirigeants soviétiques. La revue soviétique *Krokodil* en a fait une caricature antisémite. Après la mort de Staline en mars 1953, les accusations ont été abandonnées.

sont absurdes et malhonnêtes. Je ne confonds pas l'Union soviétique avec la caste bureaucratique qui s'y est développée. Je crois en l'avenir de l'Union soviétique, qui se libérera de la bureaucratie et terminera l'oeuvre commencée par la révolution d'Octobre. [...]

Sur la question juive, avant tout, je peux dire qu'elle ne peut pas être résolue dans le cadre du système capitaliste et qu'elle ne peut pas être résolue par le sionisme. À une époque, je croyais que les Juifs s'assimileraient aux cultures et aux peuples parmi lesquels ils vivaient. C'était le cas en Allemagne et même en Amérique et c'est ce qui rendait possible une telle prédiction.

Mais il est maintenant impossible de dire cela. L'histoire récente nous a enseigné une leçon à ce sujet. Le destin des Juifs a été posé comme une question brûlante, surtout en Allemagne, et les Juifs qui avaient oublié leurs origines se les sont fait rappeler. Je prévois qu'une situation semblable se développera en France, où il existe déjà des signes de forts courants antisémites, sans mentionner la brutalité avec laquelle la question juive a été traitée dans les pays capitalistes d'Europe de l'Est au cours des dernières années.

Si le capitalisme continue de survivre encore longtemps, la question juive se posera de façon aussi aigüe dans tous les pays où vivent des Juifs, y compris aux États-Unis.

Je ne peux pas dire ce qu'il adviendra des Juifs dans quelques centaines d'années, pas plus que je ne sais ce qu'il adviendra des Mexicains. Je sais cependant que la question juive ne pourra être résolue que par la révolution socialiste. Je parle de la question juive en termes généraux, parce que je sais peu de choses sur les problèmes intérieurs de la vie juive. Je peux cependant dire que, sous l'ordre socialiste, les Juifs aussi peuvent et devraient pouvoir vivre leur propre vie en tant que peuple, avec leur propre culture, qui a connu un important développement dans les dernières années.

La question territoriale est pertinente parce qu'il est plus facile à un peuple de réaliser un plan économique et culturel quand il vit en masse compacte. Sous le socialisme, cette question se posera. Avec l'accord des Juifs qui le voudront, il pourra y avoir une libre émigration de masse à laquelle personne ne sera obligé de se joindre, exactement comme, de façon générale, il n'y aura aucune domination imposée par la force dans l'État socialiste. Car si un groupe de Juifs tient à vivre sous le socialisme dans la culture juive, pour lui permettre de vivre sa vie conformément à ses traditions et à son esprit, pourquoi ne pourrait-il pas le faire ?

La concentration en un endroit compact est nécessaire au développement culturel, parce qu'elle permet plus facilement d'étendre l'influence culturelle parmi de larges masses par le biais d'une presse à grande diffusion, du théâtre, etc. Si des Juifs le désirent, le socialisme n'aura aucun droit de le leur refuser. Je veux souligner que je ne suis pas en train de dire que les Juifs doivent avoir un territoire, parce que sous le socialisme, les Juifs, comme les autres peuples, pourront résider là où ils le désirent, en pleine liberté et en sécurité.

La question juive ne peut cependant être résolue dans toutes ses ramifications que par la révolution prolétarienne. Pour cette raison, les masses ouvrières juives doivent travailler et combattre aux côtés des travailleurs de tous les pays pour réaliser cet objectif.

Les revers de la révolution alimentent un chauvinisme débridé et la haine des Juifs

LÉON TROTSKY, FÉVRIER 1937

Craignant pour ses privilèges et par conséquent complètement démoralisée, la bureaucratie privilégiée représente aujourd'hui la *couche la plus antisocialiste et la plus antidémocratique de la société soviétique* [6]. Dans sa lutte pour survivre, elle exploite les préjugés les mieux ancrés et les instincts les plus sombres. Si Staline a organisé à Moscou des procès où l'on accuse les trotskystes de comploter pour empoisonner les travailleurs, il n'est pas difficile d'imaginer à quelles bassesses immondes la bureaucratie peut se laisser aller dans les coins reculés de l'Ukraine ou de l'Asie centrale. […]

Afin de démontrer plus clairement aux travailleurs les différences entre le « nouveau » et l'« ancien » cours, on a exclu les Juifs des postes de responsabilité dans le parti et dans les soviets, y compris ceux qui étaient dévoués sans réserve à la ligne générale. Non seulement dans les campagnes, mais aussi dans les usines de Moscou, le harcèlement de l'Opposition a souvent pris dès 1926 un caractère antisémite absolument évident. De nombreux agitateurs disaient effrontément : « Les Juifs se révoltent. »

J'ai reçu des centaines de lettres qui déploraient les méthodes antisémites utilisées dans la lutte contre l'Opposition. […] Au cours des mois où se préparaient l'expulsion de l'Opposition des rangs du parti, les arrestations et les déportations (dans la seconde moitié de 1927), l'agitation antisémite a revêtu un caractère totalement débridé.

Le mot d'ordre « Il faut écraser l'Opposition » sonnait souvent comme l'ancien mot d'ordre : « Il faut écraser les Juifs et sauver la Russie. » L'affaire est allée si loin que Staline a été obligé de prendre position dans une déclaration écrite où il disait : « Nous nous battons contre Trotsky, Zinoviev et Kamenev non parce qu'ils sont juifs, mais parce qu'ils sont dans l'Opposition », etc.

Pour toute personne qui réfléchissait politiquement, il était absolument clair que cette déclaration volontairement ambigüe, dirigée contre les « excès » de l'antisémitisme, l'entretenait aussi de manière totalement délibérée. « N'oubliez pas que les dirigeants de l'Opposition sont... des Juifs. » C'était là la *signification* véritable de la déclaration de Staline publiée dans tous les journaux soviétiques. [...]

Pour tout individu capable de réfléchir, l'extermination physique de la vieille garde bolchevique n'est que l'expression incontestable de la réaction thermidorienne à son stade le plus avancé. L'histoire n'a encore jamais connu d'exemple de réaction succédant à un soulèvement révolutionnaire qui n'a pas donné libre cours aux passions chauvines les plus débridées, dont l'antisémitisme. [...]

Nos descendants sauront mieux que nous que faire. J'ai à l'esprit une période de transition historique au cours de laquelle la question juive, en tant que telle, continue de se poser de façon aigüe et exige des mesures adéquates de la part d'une fédération mondiale d'États ouvriers. Les mêmes méthodes pour résoudre la question juive qui, sous le capitalisme en déclin, ont un caractère utopique et réactionnaire (le sionisme), prendront sous le régime d'une fédération socialiste une signification réelle et salutaire. Voilà ce que je voulais souligner.

Comment un marxiste ou même un démocrate cohérent peut-il s'y objecter ?

La lutte contre l'impérialisme et la guerre

EXTRAIT DE « L'AGONIE DU CAPITALISME ET LES TÂCHES DE LA QUATRIÈME INTERNATIONALE »

LÉON TROTSKY, SEPTEMBRE 1938

En 1938, Léon Trotsky a collaboré avec les dirigeants du Parti socialiste des travailleurs pour rédiger le programme d'une nouvelle internationale révolutionnaire, un programme fondé sur les actions et les paroles de la Troisième Internationale dirigée par Lénine.

« L'agonie du capitalisme et les tâches de la Quatrième Internationale », dont voici un extrait, était le titre de ce document programmatique, adopté en septembre 1938 par la conférence fondatrice de cette nouvelle organisation internationale. Il est généralement mieux connu comme le « Programme de transition pour la révolution socialiste ».

Avant d'épuiser l'humanité ou de la noyer dans le sang, le capitalisme empoisonne l'atmosphère mondiale par les vapeurs délétères de la haine nationale et raciale [7]. L'antisémitisme est aujourd'hui l'une des convulsions les plus malignes de l'agonie du capitalisme.

La dénonciation intransigeante de tous les préjugés de race et de toutes les formes et nuances d'arrogance et de chauvinisme nationaux, en particulier de l'antisémitisme, doit faire partie du travail quotidien de toutes les sections de la Quatrième Internationale comme le principal travail d'éducation dans la lutte contre l'impérialisme et la guerre.

Notre mot d'ordre fondamental demeure : « Prolétaires de tous les pays, unissez-vous ! »

CHAPITRE 5

Forger un parti prolétarien aux États-Unis : les années 1930 et la Deuxième Guerre mondiale

Au cours des années 1930, durant la crise économique et sociale du capitalisme mondial et les préparatifs du capital américain vers le deuxième massacre impérialiste, Léon Trotsky, qui vivait alors en exil au Mexique, a collaboré étroitement avec la direction du Parti socialiste des travailleurs dans la lutte pour construire un parti prolétarien aux États-Unis. Ces efforts de direction s'inscrivaient dans le cadre d'une lutte politique plus large au sein du mouvement communiste international.

Au milieu des années 1930, les travailleurs aux États-Unis gagnaient en confiance et en militantisme au moment où le niveau d'emploi remontait après avoir radicalement chuté au début de la décennie. Des campagnes de syndicalisation étaient menées et gagnées dans un nombre de plus en plus grand d'industries de base, suscitant une montée en flèche de la nouvelle fédération syndicale industrielle, le CIO (le Congrès des organisations industrielles).

Aux États-Unis, comme ailleurs dans le monde, quand ces luttes ont commencé à menacer la stabilité bourgeoise et la domination de classe, des groupes fascistes sont apparus, issus principalement de couches petites-bourgeoises insécures. Avec les encouragements croissants des employeurs, ces groupes fascistes se sont attaqué aux syndicats, aux partis de la classe ouvrière et aux Juifs.

C'est la puissante section locale 544 du syndicat des Teamsters à Minneapolis qui est allée le plus loin pour répondre à cette menace. Les dirigeants de la section locale, qui étaient également des dirigeants et cadres du SWP, avaient dirigé les travailleurs qui avaient remporté les grèves de 1934 des Teamsters, faisant de Minneapolis un bastion syndical, et qui s'étaient ensuite tournés vers les routiers, dont un quart de million avaient adhéré au syndicat.

En août 1938, la section locale 544 a entrepris de construire une garde de défense syndicale, profondément enracinée dans les syndicats, qui a fait échouer de manière décisive la tentative des patrons de Minneapolis d'utiliser les Chemises d'argent, un groupe fasciste américain, pour briser le syndicat des Teamsters et persécuter les Juifs.

Les travailleurs et les syndicalistes de New York, du New Jersey et d'ailleurs ont recherché la collaboration de la direction des Teamsters pour repousser les attaques antisyndicales et antisémites des forces fascistes dans leurs régions. Cette collaboration a permis d'organiser une manifestation de masse réunissant quelque 50 000 travailleurs et autres personnes à New York pour répondre à un rassemblement pronazi de 20 000 personnes à l'intérieur du Madison Square Garden en février 1939.

Farrell Dobbs, l'un des principaux dirigeants de l'avant-garde ouvrière lutte de classe au Minnesota et un dirigeant du SWP, raconte comment la garde de défense syndicale de la section locale 544 a combattu avec succès les Chemises d'argent. L'extrait est tiré de *Teamster Politics*, le troisième des quatre livres dans lesquels Dobbs a décrit ces batailles ouvrières dans les années 1930 et les leçons que nous pouvons en tirer.

Comptons sur l'autodéfense des travailleurs, pas sur l'État des patrons

EXTRAIT DE *TEAMSTER POLITICS*

FARRELL DOBBS

En période de crise sociale, les affrontements entre le capital et le travail ont tendance à stimuler l'activité de démagogues politiques à mentalité fasciste [1]. Ceux-ci croient que l'intensification de la lutte des classes incitera certaines couches de la classe dirigeante à se détourner de la démocratie parlementaire et de ses méthodes de gouvernement, et à recourir au fascisme comme moyen de s'accrocher au pouvoir d'État et de protéger leurs privilèges. Chacun de ces aspirants espère aussi être choisi comme le *führer* (chef) pour diriger le mouvement terroriste qu'il faudra construire pour mener l'assaut meurtrier contre la classe ouvrière qu'un tel retournement dans la politique rendra nécessaire.

En fait, plusieurs de ces aspirants-Hitler s'étaient manifestés dans ce pays au début des années 30, mais ils avaient peu progressé durant cette période caractérisée par la montée impétueuse du CIO. Puis, en 1937-1938, la situation a commencé à changer. Une deuxième profonde récession économique est survenue, qui a signalé la faillite du *New Deal* de Roosevelt. Globalement, les contradictions sociales se sont accentuées à mesure que la classe dirigeante s'apprêtait à plonger le pays dans l'imminente guerre impérialiste.

Les bureaucrates à la tête des syndicats n'ont pas guidé les travailleurs avec une perspective efficace pour résister aux difficultés engendrées par cette situation, à savoir : la création d'un parti ouvrier indépendant basé sur les syndicats. Dans ces conditions, un grand nombre d'individus démoralisés, dans la classe moyenne des villes, parmi les agriculteurs appauvris et, dans une certaine mesure, parmi les travailleurs sans emploi, sont devenus la proie de charlatans de l'extrême droite.

C'est ainsi que divers groupes fascistes qui avaient émergé peu auparavant ont commencé à recruter assez rapidement et ont recueilli parallèlement un appui financier plus important de la part de riches intérêts antiouvriers. Enhardis par ce nouveau soutien, ils sont devenus plus violents et plus provocateurs. Dans certains cas, ces groupes ont mis sur pied des unités de choc en uniforme qui s'entraînaient au vu de tous. En uniforme ou non, ces hommes de main ont servi à lancer des campagnes de terreur, dirigées d'abord contre des cibles plus vulnérables, mais braquées essentiellement contre le mouvement syndical.

Les Juifs ont été parmi les premières victimes. Tout comme en Allemagne nazie, ils ont servi de boucs émissaires pour alimenter les préjugés antisémites, mais principalement pour créer des divisions dans la classe ouvrière. Mais, ils n'ont pas été les seules victimes.

Des travailleurs militants isolés ont été victimes d'embuscades et roués de coups à New York et dans d'autres villes de l'Est. Des rassemblements de rue de groupes de gauche ont été dispersés. À Jersey City, le maire tristement célèbre, Frank Hague, a lancé ses hommes de main à l'assaut de réunions syndicales et de lignes de piquetage et, à la Nouvelle-Orléans, des milices extrajudiciaires ont écrasé une grève des Teamsters. Comme l'ont montré ces derniers exemples, les forces d'extrême droite qui ont exécuté ces actes terroristes pour le compte des capitalistes se sont rapidement tournées vers leur cible principale : les organisations de masse de la classe ouvrière.

Un de ces groupes profascistes, les Chemises d'argent d'Amérique, préoccupait tout particulièrement la section locale 544 du Syndicat général des camionneurs. William Dudley Pelley l'avait fondé en 1932. Il avait son quartier général à Asheville, en Caroline du Nord, et publiait un hebdomadaire appelé *Liberation*. Cédant tacitement le contrôle des grandes villes à d'autres extrémistes de droite, Pelley se concentrait sur les petites villes et les villages des régions agricoles. Après avoir peu progressé dans ce milieu au cours des premières années, les Chemises d'argent ont finalement commencé à réaliser quelques gains.

C'est probablement ce qui a amené une couche de la classe patronale à Minneapolis à s'intéresser au mouvement. Des patrons ont invité Pelley à dépêcher un de ses aides, Roy Zachary, pour lancer une campagne de recrutement dans cette ville pendant l'été 1938. Le 29 juillet et le 2 août, deux rassemblements des Chemises d'argent se sont succédé rapidement dans la salle Royal Arcanum. Ces rassemblements se déroulaient à huis clos. On n'y était admis que sur invitation.

Malgré tout le secret qui l'entourait, les Teamsters ont eu vent de l'arrivée en ville de Roy Zachary et ont commencé à le surveiller de près. Ils ont obtenu à l'avance les renseignements concernant ces rassemblements, ce qui leur a permis d'avoir des informations fiables sur ce qui s'y était passé.

M. Belden et les Chemises d'argent

Le numéro du 11 août 1938 de l'hebdomadaire des Teamsters de Minneapolis, The Northwest Organizer, *contenait un éditorial en première page avec le titre ci-dessus. Nous en reproduisons ici les premiers et derniers paragraphes.*

C'est grâce au rabbin Gordon que nous avons appris que George K. Belden, dirigeant des Industries associées, a personnellement participé à des réunions des Chemises d'argent, l'organisation fasciste qui se prépare à mener des raids armés contre les locaux syndicaux.

Lorsque le rabbin Gordon a rendu publiques les copies des lettres qu'il avait envoyées à M. Belden et aux Industries associées, ceux-ci n'ont eu d'autre alternative pour se sortir de l'impasse que de mentir, aussi gracieusement qu'ils le pouvaient. Les Industries associées ont tenté de se disculper en disant que leur chef avait assisté aux réunions des Chemises d'argent à titre « personnel ». M. Belden a dit la même chose et a ajouté qu'il y avait assisté « par curiosité ». Puis il a cherché à s'en sortir par le vieux subterfuge usé qu'emploie tout réactionnaire antisémite : qu'il avait quelques amis juifs et qu'on ne pouvait donc vraisemblablement pas le soupçonner de soutenir sans réserve l'antisémitisme des Chemises d'argent. [...]

Voici l'essentiel : BELDEN ENTEND UTILISER DES VOYOUS FASCISTES CONTRE LES SYNDICATS.

En garde !

En garde, frères et soeurs du mouvement syndical ! Protégez bien l'entrée de vos syndicats contre le danger fasciste. Gardez partout les yeux ouverts pour détecter tout signe de troupes d'assaut fascistes. Préparez-vous à les affronter comme ils le méritent. Que chaque syndicaliste dise : « Nous avons versé notre sang et donné nos martyrs pour construire nos syndicats ; nous nous battrons jusqu'à la mort pour conserver nos syndicats. »

Ainsi ils ont su immédiatement que le thème principal de Roy Zachary avait été d'appeler à lancer une attaque d'hommes de main contre le quartier général de la section locale 544.

On a également appris que, lors de ces deux réunions, des documents avaient circulé invitant les participants à adhérer au « Conseil associé des syndicats indépendants » de F. L. Taylor, qui avait montré ses penchants fascistes quelques semaines plus tôt lorsqu'il s'était mis en tête de créer une milice appelée « Minnesota Minute Men ». Il était donc tout à fait naturel pour lui de se joindre aux Chemises d'argent lorsqu'elles sont arrivées en ville.

Peu de temps après, le rabbin Gordon, un religieux opposé au fascisme qui surveillait également les agissements de Zachary, a fait part d'un autre fait inquiétant. Il a révélé que George K. Belden, chef des Industries associées, avait assisté aux deux regroupements des Chemises d'argent. Interrogé à ce sujet par un journaliste du *Minnesota Leader*, Belden a répondu : « Je suis en faveur d'éliminer les malfaiteurs [...]. »

Pris dans leur ensemble, ces événements constituaient pour les Teamsters une menace très sérieuse. Des briseurs de grève, qui avaient traîné la section locale 544 devant le tribunal, se liaient maintenant aux Chemises d'argent ;

le rôle de Belden révélait que les patrons s'impliquaient directement dans ce nouveau complot antisyndical et que la menace d'un raid armé contre le quartier général des Teamsters devenait bien réelle.

Il fallait dès lors prendre des mesures immédiates. C'est ainsi qu'en août 1938, la section locale 544 a réagi avec sa détermination habituelle et a répondu à la menace en organisant une garde de défense syndicale.

Le *Northwest Organizer* a rapporté la création de la garde. Quand ils ont reçu un communiqué de presse qui annonçait cette mesure, les quotidiens ont publié des reportages à ce sujet. Le communiqué résumait ainsi les fonctions du nouvel organisme : « défendre les lignes de piquetage, le quartier général et les membres du syndicat contre la violence antiouvrière ». En agissant ainsi, la section locale a informé le public qu'elle se chargerait de sa propre défense, sans faire l'erreur de faire confiance à la police pour se protéger.

Les dirigeants syndicaux savaient parfaitement que les politiciens capitalistes qui occupent des postes de pouvoir ont non seulement tendance à fermer les yeux devant la violence fasciste, mais qu'ils encouragent et fomentent souvent de telles attaques extralégales contre les travailleurs. Ce n'est pas tout. Leurs sbires, la police, cautionnent et protègent les activités fascistes, deviennent membres de tels mouvements et, quand on utilise la violence ouverte contre les syndicats, ils détournent en général le regard. Tel avait été le comportement des « forces de maintien de l'ordre » capitalistes en Allemagne, en Italie et ailleurs. L'histoire nous avait appris que cette situation se reproduirait aux États-Unis.

Une nécessité absolue s'est imposée aux travailleurs : s'ils voulaient se défendre, ils devaient utiliser leurs propres organisations. En prenant l'initiative de constituer une garde de défense syndicale, la section locale 544 ne répondait pas seulement à ses propres besoins, mais montrait aussi la voie aux syndicalistes de tout le pays.

La garde n'avait pas été conçue comme la formation d'un seul syndicat. On la considérait plutôt comme le noyau autour duquel on pourrait construire le mouvement de défense unifié le plus large possible. Dès le début, on a fait des efforts pour impliquer d'autres syndicats dans le projet. On prévoyait que le temps et les événements permettraient aussi d'étendre le front uni pour inclure les chômeurs, les minorités, les jeunes : toutes les victimes potentielles des fascistes, des milices extrajudiciaires ou d'autres groupes réactionnaires.

Pour ces raisons, cette organisation de défense ne faisait pas officiellement partie de la section locale 544. Ce sont plutôt des membres dirigeants de la section qui l'avaient initiée, avec l'approbation des syndiqués. Une série de réunions avec des groupes de travailleurs ont permis de lancer une opération spontanée de recrutement. En procédant ainsi, le Syndicat général des chauffeurs a rapidement mis sur pied le noyau principal de la garde. Par la suite, ses rangs ont augmenté graduellement jusqu'à inclure des membres d'autres syndicats de la ville, qui soutenaient l'idée.

La garde n'était en aucun cas un corps d'élite. Il s'agissait simplement d'une formation sérieuse, ouverte à tout membre actif d'un syndicat. Pour être admis dans ses rangs, il suffisait d'être prêt à défendre les syndicats contre des attaques, d'être disposé à suivre la formation nécessaire à cette fin et d'accepter la discipline démocratique requise dans une unité de combat. En outre, ses activités ne s'effectuaient qu'avec le consentement des membres des syndicats concernés et sous leur contrôle.

Comme dans le cas de la section 544 elle-même, la garde réglait ses affaires internes de manière démocratique. Les mesures à prendre pour s'acquitter des tâches qui lui étaient confiées se décidaient après une discussion ouverte et un vote à la majorité. Cette procédure a également servi à sélectionner les dirigeants qui auraient l'autorité de commandement en cas de combat.

Ray Rainbolt, l'un des permanents de la section 544, a été élu commandant en chef de la formation de défense. Il était certainement très qualifié. Outre son vaste savoir-faire dans la conduite des luttes syndicales, il avait acquis des connaissances militaires considérables au cours de ses passages dans l'armée des États-Unis.

Ceux qui ont été choisis comme officiers subalternes avaient également fait leurs preuves dans la lutte des classes et s'étaient fait reconnaître comme dirigeants syndicaux secondaires. C'était aussi le cas des rangs de la garde, qui avaient tous démontré leurs capacités, à un niveau ou à un autre, au cours des actions de grève. Le corps dans son ensemble comptait de nombreux vétérans qui avaient acquis diverses aptitudes dans les forces armées. Parmi eux se trouvaient d'anciens tireurs d'élite, des mitrailleurs, des opérateurs de chars d'assaut, etc. Bon nombre d'entre eux avaient été sous-officiers. L'un d'eux avait été officier dans les transmissions et un autre encore officier dans l'armée allemande.

Du point de vue de sa structure, le corps se divisait en petites unités pour faciliter une mobilisation rapide en cas d'attaque surprise contre le mouvement syndical. Des équipes de cinq personnes étaient la norme. Un membre de chaque équipe était désigné capitaine. En relativement peu de temps, la force ainsi organisée s'est élevée à environ 600 hommes.

Les membres de la garde recevaient une épinglette avec l'inscription « 544 UDG » (*Union Defense Guard* : Garde de défense syndicale), qu'on les encourageait à porter en tout temps. Pour bien s'identifier dans l'exercice de leurs fonctions, ils portaient de grands brassards très visibles avec l'inscription « Garde de défense syndicale 544 ». Les membres de la formation qui venaient d'autres syndicats n'ont eu aucune difficulté à accepter cette désignation, parce qu'ils comprenaient que le prestigieux numéro 544 donnait au nom une signification supplémentaire.

L'organisation recueillait ses propres fonds pour acheter des équipements et couvrir ses frais généraux en organisant des bals et d'autres activités sociales. Une partie de cet argent a servi à l'achat de deux pistolets de calibre .22 et de deux fusils de calibre .22, pour donner aux membres de la garde un moyen d'améliorer leur capacité à tirer avec précision. Des séances d'entraînement régulières avaient lieu à cette fin. On organisait aussi des exercices périodiques pour s'entraîner aux tactiques défensives.

Les syndicats ne fournissaient pas d'armes aux membres de la garde, car dans les conditions qui prévalaient alors, cela aurait prêté le flanc aux coups montés de la police. Mais beaucoup d'entre eux avaient leurs propres armes à la maison, qu'ils utilisaient pour aller à la chasse, et dont ils pouvaient rapidement s'emparer au besoin pour repousser une attaque armée des voyous des Chemises d'argent.

Lors des exercices, on dispensait des cours sur les tactiques utilisées dans le passé par les milices extrajudiciaires antiouvrières dans ce pays et par les fascistes à l'étranger. On entamait ensuite des discussions afin d'élaborer des mesures défensives pour faire face à ce genre d'attaques.

Un service de renseignement a également été mis en place. Sa tâche consistait à surveiller les publications et les activités fascistes et antisémites, la propagande antisyndicale, etc. Un épisode en particulier a très clairement illustré l'étendue du service de renseignement ainsi que l'efficacité de la garde en action. Cela s'est produit lorsque les Chemises d'argent ont tenté de tenir un autre rassemblement au cours duquel William Dudley Pelley lui-même devait prendre la parole.

Le jour prévu, un chauffeur de taxi a amené Pelley à une résidence dans le quartier huppé de la ville.

Le conducteur en a immédiatement informé Ray Rainbolt, qui a téléphoné à cet endroit et prévenu Pelley qu'il aurait des ennuis s'il persistait. Pour montrer qu'il ne bluffait pas, Rainbolt a conduit une section de la garde syndicale à Calhoun Hall, où le rassemblement devait avoir lieu ce soir-là. L'arrivée des forces syndicales a précipité le départ du public et le démagogue ne s'est jamais montré. Puis, vers minuit, un autre chauffeur de taxi a appelé Rainbolt pour l'informer qu'il venait de laisser Pelley à la gare Milwaukee, à temps pour prendre un train de nuit pour Chicago.

À la suite de cet incident, les Teamsters ont posé un geste calculé pour effrayer davantage ceux qui songeaient à détruire les syndicats. Ils ont publié un avis spécial en première page du *Northwest Organizer* du 29 septembre 1938. L'avis ordonnait à tous les capitaines de la garde de défense de s'assurer immédiatement que leurs équipes étaient au grand complet et mobilisées, prêtes à agir dans les plus brefs délais.

La mesure a semblé avoir l'effet désiré car les Chemises d'argent ont transféré leur réunion suivante dans la ville voisine de St-Paul. Elle a eu lieu le 28 octobre au Minnehaha Hall. Les policiers défendaient l'endroit en force. Roy

Zachary était l'orateur principal. Selon ce qu'ont rapporté les journaux le lendemain, il se serait félicité ainsi :

« Les dirigeants de la 544 ont dit que nous ne pouvons pas tenir de réunions à Minneapolis mais nous les tiendrons, avec l'aide de la police. La police sait qu'un jour elle aura besoin de notre soutien et c'est pourquoi elle nous soutient maintenant. »

Les Teamsters ont pris les propos de Zachary au sérieux pour plusieurs raisons. Organiser une réunion réussie à St-Paul pouvait être plus qu'une tentative de remonter le moral des éléments profascistes. Le plan pouvait aussi viser à faire pression sur les autorités de Minneapolis pour qu'elles fournissent une protection policière comparable. Dans ce cas, il était fort probable que les Industries associées faisaient partie de la manoeuvre.

Sur la base de ces hypothèses, le haut commandement de la garde de défense syndicale a décidé d'organiser une démonstration publique de force, qui avait deux objectifs : faire comprendre à tous et à chacun que les Chemises d'argent n'allaient pas opérer à Minneapolis sans un combat sérieux et, en même temps, tester l'efficacité de la garde.

On a donc convoqué une mobilisation d'urgence de la formation de défense avec un préavis d'à peine une heure. Ceux qui savaient ce qui se passait étaient au nombre de seulement trois. Dans le cadre de ce test, tous les autres ont eu l'impression qu'une véritable crise s'était développée. À l'heure prévue pour l'assemblée, 60 minutes à peine après la première diffusion de l'appel, environ 300 membres de la garde étaient prêts à passer à l'action. Une performance impressionnante.

La mobilisation s'est déroulée sur un terrain vague au centre de la ville, de manière à ce que beaucoup de gens voient ce qui se passe. Une fois les hommes rassemblés sur place, Ray Rainbolt a expliqué qu'il s'agissait d'une opération d'entraînement pour donner un nouvel avertissement aux Chemises d'argent et à leurs partisans parmi les patrons. Une discussion a ensuite eu lieu pour analyser précisément les résultats du test.

Puisque toutes sortes de projets personnels pour la soirée avaient été brutalement chamboulés, un peu de divertissement s'imposait en guise de compensation. La garde a donc défilé en longue colonne, brassards bien en vue, vers un théâtre burlesque du centre-ville où on avait réservé plusieurs rangées de sièges.

Quant aux extrémistes de droite, ils ont semblé avoir compris cinq sur cinq le message du syndicat. Roy Zachary n'a fait aucune autre tentative de tenir des rassemblements à Minneapolis. La propagande fasciste a progressivement diminué et, après un certain temps, il est devenu évident que les Chemises d'argent avaient complètement abandonné leur campagne de recrutement.

Malgré ce retournement favorable de situation, la garde de défense syndicale s'est maintenue comme une forme d'assurance contre toute résurgence de la menace fasciste. Mais la nature de ses activités a changé. Les séances d'entraînement au tir et les exercices ont diminué. Peu à peu, la garde a eu comme principale fonction de surveiller des pique-niques syndicaux et d'autres grands rassemblements sociaux. Les manifestations publiques occasionnelles de ce genre servaient à rappeler aux forces antisyndicales que la formation de défense existait toujours.

Tout compte fait, la section 544 n'avait pas seulement repoussé une autre attaque capitaliste. Beaucoup de ses membres comprenaient mieux la nécessité de l'autodéfense ouvrière après l'expérience avec les Chemises d'argent. Les meilleurs militants comprenaient mieux les lois de la lutte de classe.

Notre cours sur la question juive : la lutte des classes internationale

THÈSES SUR LA QUESTION JUIVE

COMITÉ POLITIQUE DU SWP, 1938

Au début de l'année 1938, quelques mois après que le mouvement communiste américain eut pris sa forme actuelle comme Parti socialiste des travailleurs, le Comité politique du parti a adopté une résolution sur la question juive. En novembre, le Comité national du SWP a publié une déclaration en réponse aux pogroms de la Kristallnacht, *la Nuit de cristal, perpétrés par les nazis dans toute l'Allemagne au début du mois. Cet appel à l'action a lancé la campagne que le parti a organisée et dirigée — avant, pendant et après la Deuxième Guerre mondiale — pour demander à Washington d'ouvrir ses portes aux Juifs qui cherchaient à fuir les persécutions nazies. Des extraits de ces deux documents du SWP figurent ci-dessous.*

Notre approche sur la question juive ne peut être que celle de la lutte de classe internationale [2]. Dans son agonie, la classe capitaliste se maintient au pouvoir en recourant à une brutalité et à une violence sans bornes contre la classe ouvrière, en particulier son avant-garde. Elle utilise toutes

« En temps de crise, les affrontements entre le capital et le travail stimulent les démagogues à mentalité fasciste, qui cherchent à mener des attaques meurtrières contre la classe ouvrière. » ***—Farrell Dobbs***

EN HAUT : Minneapolis, 1934. Les Teamsters en grève défendent les syndicalistes contre l'attaque de la police. Minneapolis a été convertie en bastion syndical et un quart de million de camionneurs dans une grande partie du Midwest ont adhéré aux Teamsters.

CI-CONTRE : Pendant la Grande Dépression, des groupes profascistes ont émergé aux États-Unis. Les Chemises d'argent, dirigées par William Pelley, ont lancé une campagne de recrutement à Minneapolis.

EN BAS : Minneapolis, 1938. La Garde de défense syndicale, créée par la section locale 544 des Teamsters, a mis en échec la tentative des patrons d'utiliser les Chemises d'argent pour casser les syndicats et attaquer les Juifs.

À GAUCHE : New York, novembre 1938. Une manifestation parrainée par le Parti socialiste des travailleurs appelle Washington à ouvrir les portes aux réfugiés. L'action a été organisée après la *Kristallnacht* (la Nuit de cristal), lorsque des troupes nazies ont détenu 30 000 Juifs et détruit des commerces juifs et des synagogues dans toute l'Allemagne.

'Save Union' Move Gains More Locals

Socialist Appeal

1000 New Subscribers By April 1st!

50,000 ANTI-NAZIS ANSWER S.W.P. CALL

50 000 antinazis répondent à l'appel du SWP

OAKLAND CIO HITS STALINISTS FOR FINK ACTION IN ARRESTS

LOYALISTS READY TO MAKE PEACE IF NO REPRISALS

All Races, Creeds Join Picket Line

CI-DESSUS : New York, février 1939. Mobilisation de 50 000 travailleurs à l'appel du Parti socialiste des travailleurs contre une réunion pronazie de 20 000 personnes au Madison Square Garden.

À DROITE : Le *Socialist Appeal* du 24 février 1939.

les formes de haine et de préjugés dont elle peut attiser les flammes pour diviser les masses et établir une base sociale pour son règne fasciste et criminel.

Les Juifs, du fait qu'ils ne forment partout qu'une petite minorité de la population et que l'antisémitisme a toujours été encouragé, parfois ouvertement, parfois sous une forme déguisée, constituent un bouc émissaire facile vers lequel la grande bourgeoisie peut détourner la dangereuse colère refoulée des éléments arriérés parmi les masses et en particulier au sein des classes moyennes désespérées. Les mercenaires fascistes de la grande bourgeoisie utilisent la propagande la plus vicieuse et la plus mensongère pour aviver l'antagonisme latent envers les Juifs et provoquer des pogroms.

C'est précisément parce que l'antisémitisme est devenu un élément central de la technique employée par la réaction fasciste que le parti révolutionnaire ne peut le combattre qu'en accomplissant des tâches à deux niveaux. Il doit, premièrement, révéler les objectifs réels des capitalistes, cachés derrière l'écran de fumée de l'antisémitisme et vacciner ainsi les masses contre ce poison ; mais il a aussi comme responsabilité particulière de construire une véritable défense des Juifs persécutés, une défense qui doit nécessairement s'appuyer sur la puissance de la classe ouvrière organisée. Si ces tâches sont correctement accomplies, nous pouvons en même temps espérer convaincre les masses juives de nous appuyer de manière indéfectible.

Le Programme de transition comprend la nécessité de construire des groupes de défense des travailleurs. Cette idée peut trouver un terrain particulièrement fertile pour s'implanter et devenir réalité parmi les masses juives.

Il va de soi que ces groupes de défense, constitués sous notre influence, ne doivent pas être composés uniquement de Juifs.

Néanmoins, nous devons profiter pleinement de la grande concentration de Juifs dans la ville de New York pour en enrôler le plus grand nombre possible dans ces organisations de défense. A cet égard, on ne peut trop souligner l'importance de la situation à Jersey City [avec l'émergence de bandes fascistes, antisyndicales et antijuives, organisées par le maire démocrate Frank Hague] et ses implications pour les Juifs.

Il faut encourager les organisations juives à créer des groupes de défense, auxquels les organisations de travailleurs devraient offrir leur aide. De même, nous devons exercer notre influence partout où cela est possible pour que les groupes de défense des travailleurs viennent en aide aux Juifs quand c'est nécessaire.

Ouvrez les portes aux réfugiés de la terreur nazie de Hitler !

EXTRAIT DE L'« APPEL À L'ACTION » DU PARTI SOCIALISTE DES TRAVAILLEURS

COMITÉ NATIONAL DU SWP, NOVEMBRE 1938

Le monde entier a été profondément choqué par le déclenchement d'une nouvelle campagne de violence brutale contre les Juifs en Allemagne [les pogroms de la *Kristallnacht* (la Nuit de cristal) des 9 et 10 novembre 1938] [3].

La terreur hideuse de l'hitlérisme n'a jamais frappé avec une force aussi cruelle et impitoyable.

Dans toute l'Allemagne, des bandes de voyous nazis, organisées et commandées par leurs dirigeants, ont saccagé et pillé des magasins appartenant à des Juifs. Des synagogues juives ont été brûlées et détruites par des foules fascistes qui obéissaient aux ordres. Les travailleurs allemands, qui haïssent et méprisent l'hitlérisme de toutes leurs forces, n'ont pas pu venir en aide aux Juifs brutalisés parce qu'ils sont eux-mêmes encore dans la camisole de force de la terreur nazie.

Les monstres en chemise brune ne se donnent même pas la peine de dissimuler leur objectif : l'extermination physique de tous les Juifs de la Grande Allemagne.

Une « amende » a déjà été imposée aux Juifs, ce qui signifie en fait la confiscation complète de tous leurs biens et de toutes leurs propriétés, que les sadiques nazis se répartissent ensuite.

Le régime du ghetto sera rétabli en Allemagne, entraînant la ségrégation complète de tous les Juifs dans des bidonvilles bien circonscrits. Par cette mesure, l'hitlérisme montre une fois de plus qu'il est synonyme de barbarie, de destruction de tout progrès civilisé, de retour à la honte et à la dépravation du Moyen Âge.

Pourquoi les hitlériens intensifient-ils leur attaque meurtrière contre les Juifs ?

Pour deux raisons :

Ils espèrent détourner l'esprit des travailleurs et des paysans allemands de la misère dont ils souffrent, leur faire croire que les Juifs, boucs émissaires traditionnels de la réaction, sont responsables de tous leurs maux.

Ils espèrent faire chanter le mouvement international de protestation contre le fascisme et le contraindre à se taire lâchement.

S'ils atteignent ces objectifs ignobles, ils pourront maintenir leur règne de sang et de fer sans la moindre opposition.

S'ils parviennent à leurs fins, ils encourageront les réactionnaires fascistes dans tous les autres pays du monde à progresser avec plus d'audace, plus d'insolence et plus de succès.

Il ne faut pas leur permettre de réussir ! [...]

NOUS EXIGEONS DONC :

Ouvrez les portes des États-Unis aux victimes des pogroms du régime hitlérien !

Nous demandons expressément à tous les travailleurs et à toutes les organisations syndicales :

Exigez du gouvernement américain qu'il utilise ses pouvoirs d'exception pour ouvrir les portes aux Juifs d'Allemagne horriblement persécutés ! [...]

Montrez aux victimes de la terreur fasciste que vous êtes sérieux, en leur tendant la main de la solidarité fraternelle, en exigeant du gouvernement américain le droit d'asile libre et sans restriction pour les Juifs, qui servent de boucs émissaires de la barbarie fasciste !

Protégeons les réunions de travailleurs et les Juifs menacés par les voyous fascistes

EXTRAIT D'UN TÉMOIGNAGE AU PROCÈS POUR SÉDITION DE MINNEAPOLIS

JAMES P. CANNON, NOVEMBRE 1941

En décembre 1941, 18 dirigeants du Parti socialiste des travailleurs et de la section locale 544 du CIO (auparavant section locale des Teamsters) ont été reconnus coupables

sur des chefs d'accusation fédéraux de « conspiration pour prôner le renversement du gouvernement par la force et la violence ». La loi de Smith de contrôle de la pensée, en vertu de laquelle ils ont été envoyés dans une prison fédérale pour jusqu'à 16 mois, avait été promulguée un an auparavant, en 1940, par le président du Parti démocrate Franklin Roosevelt, mais elle a été utilisée pour la première fois dans ce procès truqué.

Washington visait avant tout à réduire au silence des forces telles que la direction de la section syndicale locale 544 et le SWP, qui faisaient de la propagande parmi les travailleurs en faveur d'un parti de travailleurs basé sur les syndicats et qui faisaient campagne contre les justifications utilisées par les dirigeants américains pour entraîner les travailleurs dans la guerre impérialiste en cours.

Le principal accusé était James P. Cannon, secrétaire national du SWP à l'époque et un dirigeant fondateur du Parti communiste en 1919. Son témoignage a été publié pour la première fois dans le livre Le socialisme en procès *en 1942. Dans les extraits ci-dessous, interrogé par son avocat Albert Goldman, Cannon explique pourquoi le SWP appelait à la création de gardes de défense ouvrières.*

ALBERT GOLDMAN : Maintenant, quelles initiatives formelles le Parti socialiste des travailleurs a-t-il prises jusqu'à présent en ce qui concerne la garde de défense ouvrière qu'il préconise [4] ?

JAMES P. CANNON : Eh bien, dans cette dernière période de 1938 et 1939, nous avons fait face à l'émergence d'un mouvement fasciste dans certaines régions du pays. Différentes organisations portant des noms divers ont commencé à prêcher les doctrines hitlériennes dans ce pays et ont essayé d'appliquer les méthodes hitlériennes d'intimidation physique contre des réunions de travailleurs ou de Juifs et contre des commerces juifs. Elles ont aussi tenté de supprimer la liberté de parole par des méthodes violentes.

À New York, c'est devenu un problème assez grave. Les différents bundistes [des brutes du Bund germano-américain, d'inspiration nazie] et des groupes qui leur étaient associés à New York ont pris l'habitude d'attaquer les meetings de rue lorsque notre parti ou un autre parti ouvrier essayait de prendre la parole avec un permis accordé par les autorités de la ville. Ils avaient l'habitude d'aller molester des commerçants juifs, de dresser des lignes de piquetage devant leurs magasins, de les tabasser, de les provoquer à la bataille et ainsi de suite.

Il y avait à l'époque une organisation en pleine croissance appelée les « Chemises d'argent ». Je ne me rappelle pas d'elle à New York, mais elle sévissait en différents points de l'Ouest et du Midwest.

GOLDMAN : Vous souvenez-vous du Front chrétien [Christian Front] ?

CANNON : Oui. À New York, le Bund germano-américain et le Front chrétien, ainsi que deux ou trois autres organisations fascistes embryonnaires, avaient l'habitude de se regrouper pour ce genre d'affaires. À cette époque, la liberté de parole était bafouée à Jersey City de manière très flagrante sous l'autorité de cet homme [le maire du Parti démocrate Frank] Hague, qui a proclamé qu'il était la loi. Il a pris l'habitude de chasser des gens de la ville et de permettre que des réunions soient dispersées non pas par les autorités, mais prétendument par des « citoyens indignés » que lui et sa bande avaient organisés à cette fin.

En général, il y avait à cette époque des indications — il y avait beaucoup de mécontentement et d'agitation dans le pays — il y avait des indications qu'un mouvement fasciste grandissait et la question s'est posée de comment nous pourrions nous protéger, pas seulement nous, mais comment les syndicats pourraient se protéger. À Jersey City, par exemple, ce mouvement fasciste empêchait les piquets de grève et portait atteinte au droit de grève — des questions très sérieuses de violation des libertés civiles par des instances non officielles.

En nous appuyant sur l'expérience des mouvements fascistes allemand et italien, qui avaient commencé par des bandes de voyous et fini par la destruction complète des syndicats, de toutes les organisations ouvrières et de tous les droits civils, nous en sommes arrivés à la conclusion qu'il fallait rencontrer les fascistes sur leur propre terrain et que nous devions lancer le slogan des gardes de défense ouvrières pour protéger les réunions, les locaux et les institutions ouvrières contre la violence de voyou des mouvements fascistes naissants.

Nous en avons discuté avec Trotsky. Sa contribution a surtout consisté à retracer le développement du mouvement fasciste en Europe. Je ne me rappelle plus maintenant si l'idée est venue de lui, mais en tout cas, il a pleinement soutenu l'idée que notre parti devait proposer aux syndicats, d'organiser des gardes de défense ouvrières pour se protéger, partout où leur tranquillité était menacée par ces voyous.

GOLDMAN : Et les syndicats ont-ils suivi le conseil du parti ?

CANNON : Je me rappelle que nous avons mis sur pied en coopération avec quelques autres radicaux et quelques Juifs — et même quelques Juifs nationalistes qui n'étaient pas d'accord avec notre programme socialiste, mais qui étaient d'accord pour défendre leurs droits humains à la

Le SWP a lutté pour l'indépendance des syndicats face à l'État capitaliste, pour un parti des travailleurs basé sur les syndicats et contre les préparatifs de guerre de Washington.

BIBLIOTHÈQUE DU COMTÉ DE HENNEPIN, COLLECTION SPÉCIALE

DRAFTEES OPPOSE EXTENSION

THE MILITANT

Why We Have Been Indicted:

SOCIALIST WORKERS PARTY

ANTI-WAR PARTY

Bail Put Up For All Defendants

EN HAUT : Farrell Dobbs (à gauche) et James P. Cannon lors du procès truqué de Minneapolis, au cours duquel 18 dirigeants du SWP et de la section locale 544 des Teamsters ont été condamnés à la prison fédérale en vertu de la Loi bâillon de Smith. Washington tentait de réduire au silence ceux qui faisaient campagne pour un parti ouvrier et contre les objectifs de guerre des patrons.

AU CENTRE : 26 juillet 1941, le *Militant* explique pourquoi l'administration Roosevelt poursuivait les socialistes.

EN BAS : Flint, au Michigan, en 1937. Grève avec occupation à l'usine de General Motors, dans le cadre d'une vague de grèves pendant la dépression des années 1930, qui a donné naissance au Congrès des organisations industrielles et a posé la nécessité pour les travailleurs de s'organiser indépendamment des patrons dans l'arène politique.

vie — que nous avons formé à cette époque une garde de défense ouvrière à New York. Dans le but de protéger non seulement les réunions de notre parti, mais de toute organisation menacée par ces voyous. De protéger les habitants contre toute attaque dans le Bronx, où ces voyous intimidaient et insultaient les Juifs. Cette garde a eu plusieurs bagarres et accrochages avec ces bandes.

Ensuite, les conditions ont commencé à changer dans le pays. La situation économique du pays s'est un peu améliorée. La question de la guerre européenne a commencé à absorber l'attention et à la détourner de ces Hitler américains provinciaux. Le mouvement fasciste est devenu passif et notre garde de défense ouvrière à New York n'avait plus rien à faire et a simplement cessé d'exister. Si j'ai bonne mémoire, il y a eu une expérience semblable à Los Angeles.

GOLDMAN : À votre connaissance, y a-t-il des syndicats internationaux qui ont adopté cette idée ?

CANNON : Je ne sais pas. Je sais que la question a été soulevée au sein de l'Union des ouvriers du vêtement qui se sentait doublement concerné par cette affaire. Premièrement, en tant que syndicat ouvrier, il était menacé par la montée du fascisme. Deuxièmement, un pourcentage important de ses membres sont juifs, que ces voyous considèrent comme des victimes toutes désignées.

L'une des sections locales de ce syndicat à New York a adopté une résolution en faveur de cette idée, qui a ensuite été envoyée pour examen au Comité exécutif international. Une certaine correspondance et quelques entretiens ont eu lieu entre nos camarades qui avaient parrainé l'idée et les officiers de l'Union internationale des ouvriers et ouvrières du vêtement pour dame. Je ne pense pas que cela soit allé plus loin, dans un sens positif ou négatif, parce que le mouvement fasciste s'est affaibli et que la question a perdu de son actualité.

GOLDMAN : La question de la garde de défense ouvrière a donc été reléguée au second plan parce que les conditions ont changé ?

CANNON : Oui. Nous avons retenu la proposition des gardes de défense ouvrières dans notre programme. Je crois qu'elle figure sur la page éditoriale du *Militant* comme un des points que nous proposons à titre de programme pratique.

GOLDMAN : Et elle devient une question vitale particulièrement face à la possibilité d'un mouvement fasciste dans notre pays ?

CANNON : Oui. À cette époque, notre journal était rempli de comptes rendus et d'articles sur les bundistes et les membres du Front chrétien, etc. Mais si vous parcourez ces anciens numéros, vous constaterez une diminution graduelle du nombre d'articles sur la violence fasciste. Et la question de la garde de défense ouvrière a disparu des pages du journal et n'y est plus soulevée maintenant que de manière épisodique en tant que slogan.

Je pourrais ajouter, M. Goldman, qu'autant que je sache, à l'heure actuelle, il n'y a aucune garde de défense ouvrière en activité quelque part dans le pays à laquelle nos membres sont associés, pas à ma connaissance. Mais nous retenons l'idée dans un but d'éducation pratique au cas où les syndicats traverseraient à nouveau l'expérience de cette époque.

La tâche consiste à créer une garde de défense dans les syndicats

EXTRAITS DE DISCUSSIONS AVEC DES DIRIGEANTS DU SWP

LÉON TROTSKY, JUIN 1938

En juin 1938, Léon Trotsky a organisé une deuxième série de discussions avec les dirigeants du Parti socialiste des travailleurs afin de discuter du programme qu'il était en train d'élaborer, en collaboration avec la direction du parti, pour la conférence de fondation d'une nouvelle organisation révolutionnaire internationale. Trotsky vivait alors en exil forcé au Mexique.

Parmi les sujets abordés figurait la nécessité pour le SWP d'encourager les syndicats à mettre en place et à organiser des gardes de défense ouvrières contre les voyous à la solde des patrons et les gangs fascistes qui s'en prenaient au mouvement ouvrier, aux Juifs et à d'autres personnes. L'extrait ci-dessous est tiré de la transcription de cette réunion.

QUESTION : Comment s'y prendre concrètement pour lancer les groupes de défense [5] ?

LÉON TROTSKY : C'est très simple. Vous avez une ligne de piquetage pendant une grève ? Lorsque la grève prend fin, nous expliquons que nous devons défendre notre syndicat en rendant le piquet de grève permanent.

QUESTION : Le parti crée-t-il lui-même le groupe de défense avec ses propres membres ?

TROTSKY : Il faut lancer les mots d'ordre du parti là où nous avons des sympathisants et des travailleurs qui nous défendront. Mais un parti ne peut créer une garde de défense indépendante. La tâche consiste à créer une telle structure dans les syndicats.

Nous devons avoir ces groupes de camarades très disciplinés, avec de bons dirigeants prudents, qui ne se laissent pas aisément provoquer, parce que de tels groupes peuvent être facilement provoqués. La tâche principale pour l'année qui vient serait d'éviter des conflits et des affrontements sanglants. Nous devons réduire ces confrontations au minimum avec une petite organisation en temps de grève et en temps de paix. Empêcher les rassemblements fascistes est une question de rapport de forces. Seuls, nous ne sommes pas assez forts, mais nous proposons de constituer un front unique. [...]

À Minneapolis, où nous avons des camarades très expérimentés et très influents, nous pouvons commencer à le démontrer à tout le pays.

La lutte contre le fascisme commence dans l'usine et se termine dans la rue

EXTRAIT DU « PROGRAMME DE TRANSITION POUR LA RÉVOLUTION SOCIALISTE »

LÉON TROTSKY, 1938

Les grèves avec occupation d'usine sont un très sérieux avertissement de la part des masses à l'adresse non seulement de la bourgeoisie, mais aussi des organisations ouvrières, y compris de la Quatrième Internationale [6]. En 1919-1920, les ouvriers italiens, de leur propre initiative, s'emparèrent des entreprises, annonçant ainsi l'arrivée de la révolution sociale à leurs propres « dirigeants ». Les « dirigeants » ne tinrent pas compte du signal. Le résultat fut la victoire du fascisme. [...]

L'exacerbation de la lutte du prolétariat signifie l'exacerbation des méthodes de contre-offensive de la part du capital. De nouvelles vagues de grèves avec occupation d'usines peuvent provoquer et provoqueront infailliblement d'énergiques contremesures de la part de la bourgeoisie. Le personnel de confiance des grands trusts s'est déjà mis au travail. Malheur aux organisations révolutionnaires, malheur au prolétariat s'ils se trouvent encore pris au dépourvu !

La bourgeoisie ne se contente nulle part de la police et de l'armée officielle. Aux États-Unis, même dans les périodes « paisibles », elle entretient, dans les usines, des détachements militarisés de briseurs de grève et de bandes armées privées. Il faut y ajouter maintenant les bandes de nazis américains. À la première approche du danger, la bourgeoisie française a mobilisé les détachements fascistes semi-légaux et illégaux jusque dans l'armée. Aussitôt que les travailleurs anglais se renforcent à nouveau, le nombre de bandes fascistes double, triple, décuple immédiatement et celles-ci partent en croisade sanglante contre les travailleurs.

La bourgeoisie demeure parfaitement consciente du fait qu'à l'époque actuelle, la lutte des classes tend infailliblement à se transformer en guerre civile. Les exemples de l'Italie, de l'Allemagne, de l'Autriche, de l'Espagne et d'autres pays ont enseigné beaucoup plus aux magnats et aux laquais du capital qu'aux dirigeants officiels du prolétariat.

Les politiciens des Deuxième et Troisième Internationales, de même que les bureaucrates des syndicats, ferment consciemment leurs yeux sur l'armée privée de la bourgeoisie ; sinon, ils ne pourraient maintenir une seule journée leur alliance avec elle. Les réformistes enfoncent systématiquement dans la tête des travailleurs l'idée que la sacro-sainte démocratie est assurée au mieux lorsque la bourgeoisie est armée jusqu'aux dents et que les travailleurs sont désarmés. [...]

La lutte contre le fascisme commence, non pas dans une salle de rédaction libérale, mais dans l'usine. Et elle finit dans la rue. Les briseurs de grève et les bandes armées privées dans les usines sont les noyaux de base de l'armée fasciste. *Les piquets de grève* sont les noyaux de base de l'armée prolétarienne. C'est de là qu'il faut partir. À l'occasion de chaque grève et de chaque manifestation de rue, il faut absolument propager l'idée de la nécessité de créer des *détachements ouvriers d'autodéfense*. [...]

Il faut donner une expression organisée à la haine légitime des travailleurs pour les briseurs de grève et les bandes de brigands et de fascistes. Il faut lancer le mot d'ordre de la *milice ouvrière,* comme seule garantie sérieuse de l'inviolabilité des organisations, des réunions et de la presse ouvrières.

C'est seulement grâce à un tel travail systématique d'organisation et d'agitation, un travail persistant, inlassable, courageux, toujours sur la base de l'expérience des masses elles-mêmes, qu'on peut extirper de leur conscience les traditions de docilité et de passivité ; qu'on peut former des détachements de combattants héroïques, capables de donner l'exemple à tous les travailleurs ; infliger une série de défaites tactiques aux bandes de la contrerévolution ; accroître la confiance des exploités et des opprimés en eux-mêmes ; discréditer le fascisme aux yeux de la petite bourgeoisie et frayer la voie à la conquête du pouvoir par le prolétariat.

Engels a défini l'État comme des « détachements de gens armés ». *L'armement du prolétariat* est un élément concomitant indispensable de sa lutte de libération. Quand le prolétariat le voudra, il trouvera les voies et les moyens de s'armer. Dans ce domaine aussi, la direction incombe naturellement aux sections de la Quatrième Internationale.

CHAPITRE 6

Le Parti socialiste des travailleurs dans la lutte contre la haine des Juifs et les pogroms aujourd'hui

Dès que les membres du Parti socialiste des travailleurs et ceux avec qui ils collaborent dans les Ligues communistes d'autres pays ont appris les nouvelles concernant le pogrom du 7 octobre 2023, ils ont été aux premières lignes des actions pour condamner l'attaque la plus meurtrière contre les Juifs depuis l'Holocauste pendant la Deuxième Guerre mondiale.

La déclaration ci-dessous a été publiée le 10 octobre par Rachele Fruit, la candidate du SWP à la présidence des États-Unis en 2024, lors d'un rassemblement de 3 000 personnes, au Mémorial de l'Holocauste de Miami Beach, pour dénoncer le pogrom. La déclaration résume toujours bien la perspective de lutte fondamentale de la classe ouvrière.

Pour mettre fin à la haine des Juifs, luttons pour conquérir le pouvoir ouvrier et le socialisme

DÉCLARATION DE LA CAMPAGNE DU PARTI SOCIALISTE DES TRAVAILLEURS

RACHELE FRUIT, LE 10 OCTOBRE 2023

Dans la lutte contre la haine des Juifs et les pogroms, le Parti socialiste des travailleurs s'inscrit dans une continuité qui remonte à Lénine et aux bolcheviks en Russie [1]. Les socialistes ne peuvent jamais soutenir un crime contre l'humanité au nom de la révolution.

Pour protéger les Juifs, les travailleurs ne peuvent pas compter sur les démocraties impérialistes. Washington et Londres ont fermé la porte aux immigrants juifs avant, pendant et après la Deuxième Guerre mondiale. Ce fait et la trahison par les staliniens, à Moscou et ailleurs, d'opportunités révolutionnaires en Chine, en Allemagne, en France et en Espagne, ont mené à la « Solution finale » de Hitler.

C'est pourquoi Israël devait être et doit encore exister, comme un refuge pour les Juifs.

Ceux qui se disent « socialistes » et qui défendent le Hamas et d'autres mandataires terroristes de l'Iran s'allieront sans difficulté aux futures forces fascistes.

Seules les classes laborieuses d'Israël, de Palestine, d'Iran et de toute la région pourront trouver une solution dans

Aujourd'hui, le Parti socialiste des travailleurs est aux premières lignes de la lutte contre la haine des Juifs.

MARGARET TROWE/ THE MILITANT

ERIC SIMPSON/THE MILITANT

À GAUCHE : San Francisco, mars 2024. Laura Garza, candidate du SWP au Sénat, se joint aux milliers de personnes qui défilent contre la montée des attaques contre les Juifs dans la région.

NAOMI CRAINE/THE MILITANT

CI-DESSUS : Membres des UAW, à Détroit, septembre 2023. Quelque 25 000 grévistes dans des usines de GM, Ford et Stellantis, dans 21 États, ont obtenu de meilleurs salaires et conditions de travail, encourageant d'autres travailleurs faisant face aux attaques contre leur niveau de vie.

Le creux de la résistance ouvrière est derrière nous, souligne la résolution du SWP de 2022.

leurs intérêts communs. Cela est aussi vrai des travailleurs aux États-Unis et partout dans le monde.

Le pouvoir ouvrier : l'arme politique indispensable pour combattre toute oppression

TIRÉ DE *MALCOLM X, LA LIBÉRATION DES NOIRS ET LA VOIE VERS LE POUVOIR OUVRIER*

JACK BARNES

Comme l'a prouvé la lutte des classes au 20e siècle et dans les premières décennies du 21e, la haine des Juifs et la violence génocidaire contre les Juifs ne sont ni une question européenne ni une question pour le Moyen-Orient seulement. Elles sont une question mondiale, une question de classe, une caractéristique permanente de l'époque impérialiste.

« Aujourd'hui plus que jamais, a écrit Léon Trotsky, le destin du peuple juif — non seulement son destin politique, mais aussi son destin physique — est indissolublement lié à la lutte émancipatrice du prolétariat international[2]*. » Cette conclusion s'applique tout autant au 7 octobre 2023 qu'au monde décrit par Trotsky en décembre 1938.*

Le capital industriel et bancaire des États-Unis a consolidé sa domination avant l'aube de l'ère impérialiste, soit dans les décennies qui ont suivi la Deuxième Révolution américaine — la guerre de Sécession et l'abolition de l'esclavage. En 1877, dans les États du Sud, où les esclavagistes avaient subi la défaite, la

Reconstruction radicale d'après-guerre avait été écrasée dans le sang. L'ensemble de la classe ouvrière avait alors subi ce qui demeure le pire revers de son histoire.

Au cours des décennies suivantes, marquées par la terreur de Jim Crow, les Noirs ont été de loin les principales victimes des lynchages et des bandes de justiciers autoproclamés. Mais les Juifs, les catholiques et les Chinois en ont également été des victimes.

Près d'un siècle plus tard, le mouvement prolétarien massif qui a renversé Jim Crow dans les années 1950 et 1960 a porté un coup puissant à la haine des Juifs et à toutes les formes d'oppression.

◆

En 1877, les dirigeants américains ont retiré les troupes fédérales des États de l'ancienne Confédération [3]. Ces troupes avaient été la force armée de dernier recours entre les masses laborieuses noires libérées, d'un côté, et des bandes de justiciers autoproclamés réactionnaires bien armées, de l'autre. Pendant les dernières décennies du 19e siècle et une bonne partie du 20e, des générations successives d'organisations comme les Chevaliers du camélia blanc, la Ligue blanche, le Ku Klux Klan, les Conseils des citoyens blancs et bien d'autres — avec un nom, sans nom ou avec un nom modifié — ont fait sévir un règne de terreur implacable contre la population noire du Sud.

Cette violence systématique a aidé les capitalistes à réduire les travailleurs qui étaient noirs à un état de quasi-péonage en tant que métayers et fermiers à bail et leur a permis d'imposer et de codifier la ségrégation de Jim Crow dans

« Le mouvement prolétarien qui a renversé le système de ségrégation de Jim Crow aux États-Unis a également porté un coup à la haine des Juifs et à toute forme d'oppression. »

EN HAUT : Lancement du boycott du transport en commun de Montgomery (Alabama) en décembre 1955. Ce fut une bataille clé dans la lutte qui a mis fin au système de ségrégation raciale dans le Sud. Le SWP a encouragé les syndicalistes à donner des voitures pour le transport de ceux qui boycottaient les autobus.

AU CENTRE : Le 4 février 1965, Malcolm X s'adresse à des jeunes de Selma en Alabama qui dénoncent les attaques brutales des policiers et la violence raciste. Malcolm a été le visage et la voix des forces de la révolution américaine à venir.

EN BAS : Leo Frank, un directeur d'usine juif, a été lynché, en 1915 à Atlanta, par une foule antijuive qui l'accusait sans raison d'avoir violé et assassiné une ouvrière de 13 ans. Des groupes suprémacistes blancs comme le Ku Klux Klan organisaient des lynchages de Noirs et propageaient la haine des Juifs.

BIBLIOTHÈQUE DU CONGRÈS

les lois des États du Sud, les uns après les autres. L'organisation de ces bandes visait aussi à démoraliser tout travailleur ou agriculteur qui avait une conscience de classe et qui n'était pas noir où que ce soit à travers le Sud — les « amis des nègres » — et à les empêcher de se joindre aux travailleurs qui étaient noirs dans des luttes communes pour des terres, pour l'éducation publique, pour du crédit et des tarifs ferroviaires à bon marché, pour des droits syndicaux ou pour quoi que ce soit dans l'intérêt des opprimés et des exploités. Les préjugés et la discrimination contre les catholiques, contre les Chinois et contre les Juifs ont atteint de nouveaux sommets.

Les travailleurs peuvent et vont arracher des concessions de la classe dominante au cours de luttes qui s'intensifieront — en réponse aux attaques qu'alimente la crise contre nos emplois, nos conditions de vie et notre dignité humaine élémentaire, contre nos libertés politiques et notre droit de nous syndiquer ; et en réponse à la marche vers des dépenses militaires accrues et des guerres plus sanglantes à l'étranger [4]. Mais ces concessions ne peuvent modifier les lois qui sous-tendent le fonctionnement du système capitaliste même ou les empêcher de dévaster encore plus nos vies et nos conditions de vie. Elles ne peuvent mettre un terme à la dictature du capital.

Seule la conquête, et l'utilisation, du pouvoir d'État par la classe ouvrière et l'expropriation du capital financier peuvent jeter les bases d'un monde fondé non pas sur l'exploitation, la violence, la discrimination raciale, des ordres hiérarchiques de classe et la concurrence de loups qui se mangent entre eux, mais sur une solidarité entre les travailleurs qui encourage une vie de créativité et reconnaît la valeur de chaque individu, quels que soient son sexe, son origine nationale ou la couleur de sa peau.

Un monde socialiste.

Que rend possible toute révolution socialiste pour les opprimés et les exploités [5] ? Avant tout, elle rend possible d'*utiliser* le pouvoir d'État de la dictature du prolétariat, qui est de loin l'instrument le plus puissant que les travailleurs en lutte ne pourront jamais manier, pour faire avancer la bataille pour éradiquer le racisme, l'oppression nationale et le statut de deuxième classe des femmes. [...]

Ce que fait la conquête du pouvoir des travailleurs, c'est de mettre à la disposition d'une avant-garde de masse du prolétariat l'arme politique la plus efficace de l'histoire — une arme dont nous pouvons nous servir pour combattre toutes les formes d'oppression et jeter la base pour établir la solidarité humaine sur de nouvelles assises communistes. *Voilà* le défi et la promesse de la dictature du prolétariat : *conquérez*-la, puis *utilisez*-la — pour *finir* le travail.

Et *la manière* de finir le travail, c'est d'agir pour aider à faire avancer la lutte révolutionnaire à travers le monde.

Un parti dont l'intégrité, les normes et la conduite correspondent à ses objectifs ouvriers

EXTRAITS DE *LE CREUX DE LA RÉSISTANCE OUVRIÈRE EST DERRIÈRE NOUS*

RÉSOLUTION DU PARTI SOCIALISTE DES TRAVAILLEURS ADOPTÉE LORS DE SON CONGRÈS DE DÉCEMBRE 2022

Le Parti socialiste des travailleurs construit et recrute à une organisation constituée de cadres prolétariens dont les valeurs morales, la fiabilité, les normes et la conduite habituelle — y compris la « façon de vivre et l'activité », comme le dit succinctement le règlement de 1847 de la première organisation communiste du monde — correspondent aux objectifs du parti et à son exigence inconditionnelle de loyauté et de discipline de la part de chaque membre [6].

Les normes de conduite établies par Farrell Dobbs et d'autres dirigeants lutte de classe des batailles menées par les Teamsters au Midwest et par Malcolm X dans son évolution politique révolutionnaire durant la dernière partie de sa vie sont des exemples dont il faut s'inspirer et qu'il faut chercher à reproduire. Il n'y a pas de meilleures ressources pour nous aider à le faire que les quatre volumes de la série *Teamsters* de Dobbs, ses deux volumes de *Revolutionary Continuity: Marxist Leadership in the U.S.* ainsi que *Malcolm X, la libération des Noirs et la voie vers le pouvoir ouvrier* de Jack Barnes, secrétaire national du SWP.

Depuis plus de 60 ans, Washington cherche à punir les travailleurs cubains pour avoir osé faire une révolution socialiste qui a donné aux travailleurs aux États-Unis un merveilleux exemple de ce qu'ils peuvent accomplir.

GRANMA

EN HAUT : La Havane, 16 avril 1961. « Ceci est la révolution socialiste et démocratique des travailleurs, avec les travailleurs et pour les travailleurs », a dit Fidel Castro lors d'un rassemblement à la veille d'une invasion de mercenaires organisée par les États-Unis et qui a été repoussée en 72 heures.

EN BAS : Des combattants cubains et angolais à Cuito Cuanavale en Angola, où l'armée sud-africaine a subi une défaite décisive en 1988. Pendant plus de 16 ans, 425 000 volontaires cubains ont servi en Angola et ont aidé à défendre l'indépendance du pays contre les invasions du régime suprémaciste blanc de Pretoria. Dès le début, la révolution cubaine a donné un exemple d'internationalisme prolétarien.

RICARDO LÓPEZ/GRANMA

S'appuyant sur l'histoire de la lutte des classes aux États-Unis et dans le monde, Jack Barnes souligne les leçons programmatiques par lesquelles Malcolm « est devenu le visage et la voix authentique des forces de la révolution américaine à venir ». Par-dessus tout, le cours présenté dans *Malcolm X, la libération des Noirs et la voie vers le pouvoir ouvrier*, note Barnes, est le produit des « efforts disciplinés » des cadres du Parti socialiste des travailleurs, noirs, caucasiens et autres, « qui dirigent depuis le milieu des années 1970 le travail pour construire un parti qui est ouvrier, tant dans sa composition que dans son programme et ses actions » et « qui, dans leur vie et leurs activités, demeurent fidèles à leurs convictions révolutionnaires jusqu'à ce jour ».

Les cadres d'un parti ouvrier révolutionnaire doivent être éduqués de manière à assimiler politiquement le programme marxiste, les principes organisationnels et l'histoire du cours internationaliste prolétarien du SWP et du mouvement communiste mondial. On peut trouver ces fondements programmatiques dans :

- « Ébauche de programme de l'Internationale communiste : une critique des principes fondamentaux », le texte de Trotsky de 1928, publié dans *The Third International after Lenin*. C'est, comme l'a dit James P. Cannon dans son introduction de 1929, « un texte de conflit, écrit dans le feu de la lutte, pour préserver [au sein de l'Internationale communiste] les enseignements fondamentaux de Marx et de Lénine et maintenir la dictature prolétarienne de l'Union soviétique ».
- « Le Programme de transition », la résolution de fondation de la Quatrième Internationale rédigée en 1938 par Trotsky en étroite collaboration avec la direction du Parti socialiste des travailleurs. Le mouvement communiste

mondial, dit notre programme, « s'oppose irréductiblement à tous les groupements politiques accrochés aux basques de la bourgeoisie. Sa tâche, c'est de renverser la domination du capital. Son but, c'est le socialisme. Sa méthode, c'est la révolution prolétarienne ».

• *En défense du marxisme,* la compilation d'articles et de lettres de Trotsky aux dirigeants du SWP pendant la lutte politique de 1939-1940 contre une opposition petite-bourgeoise au sein du parti qui capitulait face à la marche accélérée de l'impérialisme américain vers la guerre. Trotsky y présente les raisons marxistes théoriques, programmatiques et organisationnelles pour lesquelles, selon ses termes, « la composition de classe du parti doit correspondre à son programme de classe ».

• Dans une lettre d'avril 1940 à Farrell Dobbs, Trotsky a souligné l'importance politique d'un autre ouvrage fondamental de notre mouvement, *La lutte pour un parti prolétarien*, de James P. Cannon. « La brochure de Jim [...] est l'écrit d'un authentique dirigeant ouvrier », a écrit Trotsky. Si la lutte politique contre l'opposition petite-bourgeoise dans le parti « n'avait rien produit d'autre que ce texte, elle aurait été justifiée ».

• *Leur Trotsky et le nôtre* de Jack Barnes, écrit à partir d'une allocution présentée en décembre 1982 lors d'une réunion publique de 1 000 personnes à Chicago dans le cadre d'une conférence de formation socialiste organisée pendant un congrès national de l'Alliance des jeunes socialistes. Comme Barnes l'a écrit plus tard, il a prononcé son discours dans les premières années du tournant vers l'industrie, lorsque « le Parti socialiste des travailleurs se prolétarisait de plus en plus, aussi bien dans sa composition — dans la vie de tous les jours — que dans son programme ».

Bonnes sont toutes les méthodes qui élèvent la conscience des travailleurs, leur confiance en leurs propres forces

Dans une société fondée sur l'exploitation, la morale suprême est la morale de la révolution sociale. Bonnes sont les méthodes qui élèvent la conscience de classe des travailleurs, leur confiance dans leurs propres forces, leur promptitude à l'abnégation dans la lutte.

Inadmissibles sont les méthodes qui inspirent aux opprimés la crainte et la docilité devant les oppresseurs, qui étouffent leur esprit de protestation et de révolte ou qui substituent à la volonté des masses, la volonté des chefs ; à la persuasion, la contrainte ; à l'analyse de la réalité, la démagogie et la falsification. Voilà pourquoi la social-démocratie, qui a prostitué le marxisme, tout comme le stalinisme, antithèse du bolchevisme, sont les ennemis mortels de la révolution prolétarienne et de sa morale.

Regarder la réalité en face ; ne pas chercher la ligne de moindre résistance ; appeler les choses par leur nom ; dire la vérité aux masses, aussi amère soit-elle ; ne pas craindre les obstacles ; être rigoureux dans les petites choses comme dans les grandes ; oser, quand vient l'heure de l'action : telles sont les règles de la Quatrième Internationale.

— Léon Trotsky, Le Programme de transition pour la révolution socialiste (1938)

C'étaient des années, comme l'a ajouté Jack Barnes, pendant lesquelles les « révolutions en cours en Amérique centrale et dans les Caraïbes soulignaient pour nous une fois de plus comment, avec une direction prolétarienne, ceux qui travaillent peuvent se servir d'un gouvernement des travailleurs et des agriculteurs pour avancer vers l'expropriation des exploiteurs et des oppresseurs et l'établissement de la dictature du prolétariat. [...] Nous pouvions voir et comprendre de façon plus riche la continuité de notre programme et de notre stratégie », qui remontent à Marx et Engels et aux conquêtes de l'Internationale communiste sous la direction de Lénine et des bolcheviks. Nous pouvions « agir avec une plus grande confiance en nous appuyant » sur cette continuité.

Bien ancré dans ces fondements programmatiques, chaque cadre du parti peut assimiler plus profondément et plus concrètement la résolution adoptée par notre congrès de 1965, « The Organizational Character of the Socialist Workers Party », et agir en conséquence. « Le parti recherche l'homogénéité politique et, pour y arriver, il n'admet dans ses rangs que ceux qui sont fondamentalement d'accord avec son programme et ses principes, indique la résolution. Pour les mêmes raisons, il exige comme condition d'adhésion une loyauté inconditionnelle et une conduite disciplinée. »

Nos expériences aux États-Unis depuis le dernier congrès du parti confirment que le creux de la résistance de la classe ouvrière et des syndicats est derrière nous. Nous trouvons des opportunités plus que suffisantes pour continuer à nous organiser et à agir sur la base de notre orientation communiste, tout en aidant à construire le noyau d'une direction lutte de classe dans les syndicats et en recrutant au Parti socialiste des travailleurs.

Si vous êtes d'accord, joignez-vous à nous.

APPENDICE

Le Hamas dans ses propres mots : haine des Juifs, génocide et anticommunisme

Quelle que soit l'opinion qu'une personne peut avoir du Hamas et de son sanglant massacre antijuif de 1 200 personnes le 7 octobre 2023, quiconque appelle à un cessez-le-feu du gouvernement israélien emboîte en fait le pas à la campagne de propagande planifiée en détail par les dirigeants du Hamas bien avant le massacre et qu'ils mènent depuis.

L'objectif réactionnaire du Hamas ? Survivre un jour de plus et continuer à massacrer les Juifs en Israël.

Pendant près de deux décennies, le Hamas a dirigé Gaza, un État de fait. Il y a écrasé les syndicats, arrêté et torturé ses opposants politiques palestiniens et refusé aux femmes tout semblant d'égalité des droits. Il a dirigé l'État, selon les termes de ses propres dirigeants, comme une « couverture » pour préparer des attaques contre Israël et les Juifs.

Le régime bourgeois-clérical contrerévolutionnaire de Téhéran entraîne, finance et soutient le Hamas dans la planification de ses attaques. Le 7 octobre, le Jihad islamique, le Front populaire de libération de la Palestine et d'autres groupes se sont joints au Hamas dans ses actes de boucherie, de torture et d'agression sexuelle. Aucun d'entre eux n'est une organisation de libération des Palestiniens ou de qui que ce soit parmi les opprimés et les exploités.

Tout ce que fait le Hamas vise à anéantir les Juifs et à détruire Israël.

Voici ce que le Hamas lui-même en dit.

EXTRAIT DE LA CHARTE DE FONDATION DE 1988 DU HAMAS

[*Introduction*] Notre lutte contre les Juifs est très importante et très sérieuse. Elle nécessite tous les efforts les plus sincères. C'est une étape qui doit être inévitablement suivie d'autres étapes. Le Mouvement n'est qu'un escadron qui doit être soutenu par des escadrons de plus en plus nombreux de ce vaste monde arabe et islamique, jusqu'à ce que l'ennemi soit vaincu et la victoire d'Allah réalisée.

[*Article 7*] « Le jour du Jugement ne viendra pas tant que les musulmans ne combattront pas les Juifs (ne tueront pas les Juifs), tant que le Juif ne se cachera pas derrière les pierres et les arbres. Les pierres et les arbres diront : « Ô Musulmans, Ô serviteurs d'Allah, il y a un Juif derrière moi, venez et tuez-le. »

[*Article 22*] Ils se sont battus pour accumuler une importante et substantielle richesse matérielle, qu'ils ont dédiée à la réalisation de leur rêve. Avec leur argent, ils ont pris contrôle à travers le monde des media, des agences d'information, de la presse, des maisons d'édition et des stations de radiodiffusion et de télévision.

Avec leur argent, ils ont incité des révolutions dans diverses parties du monde dans le but d'atteindre leurs objectifs et d'en recueillir les fruits. Ils étaient derrière la Révolution française, la révolution communiste et la plupart de révolutions dont nous avons entendu parler hier et aujourd'hui. [...]

Ils étaient derrière la Première Guerre mondiale, quand ils ont été en mesure de détruire le Califat islamique et de réaliser des gains financiers et d'en contrôler les ressources. Ils ont obtenu la déclaration de Balfour et formé la Ligue des Nations qui leur a permis de dominer le monde.

Ils étaient derrière la Deuxième Guerre mondiale, qui leur a permis de faire d'immenses gains financiers par le commerce des armes et d'ouvrir la voie pour établir leur État. Ce sont eux qui ont promu le remplacement de la Ligue des Nations par les Nations unies et le Conseil de sécurité, qui leur ont permis de diriger le monde. Il n'y a aucune guerre dans le monde sans qu'ils ne soient impliqués.

[*Article 32*] Le plan sioniste est sans limites. Après la Palestine, les sionistes aspirent à s'étendre du Nil à l'Euphrate. Après avoir digéré la région qu'ils auront engloutie, ils aspireront à une nouvelle expansion, et ainsi de suite. Leur plan est énoncé dans « Les Protocoles des Sages de Sion ». Leur conduite actuelle est la meilleure preuve de ce que nous disons.

EXTRAITS DES POLITIQUES ET PRINCIPES GÉNÉRAUX DE 2017 DU HAMAS

[*Articles 18 à 20*] La création d'« Israël » est entièrement illégale et contrevient aux droits inaliénables du peuple palestinien. [...] Il n'y aura aucune reconnaissance de la légitimité de l'entité sioniste. [...]

Le Hamas estime qu'aucune partie du sol de la Palestine ne devra faire l'objet de compromis ou de concessions, indépendamment des raisons, des circonstances et des pressions, et peu importe la durée de l'occupation. Le Hamas rejette toute alternative à la libération pleine et entière de la Palestine, du fleuve à la mer.

GHAZI HAMAD, MEMBRE DU BUREAU POLITIQUE DU HAMAS

D'UNE ENTREVUE À LA TÉLÉVISION LIBANAISE, LE 29 OCTOBRE 2023

GHAZI HAMAD : « Tout ce que nous faisons est justifié. »

L'opération du 7 octobre « n'est que la première fois et il y en aura une deuxième, une troisième, une quatrième. »

QUESTION : « Est-ce que cela signifie l'anéantissement complet d'Israël ? »

HAMAD : « Oui, bien sûr. »

« Nous sommes fiers de sacrifier des martyrs. »

MOUSSA ABU MARZOUK, MEMBRE DU BUREAU POLITIQUE DU HAMAS

D'UNE ENTREVUE À *RUSSIA TODAY*, LE 27 OCTOBRE 2023

QUESTION : Beaucoup de gens veulent savoir : Puisque vous avez creusé 500 kilomètres de tunnels, pourquoi n'avez-vous pas construit d'abris antibombes où les civils pourraient s'abriter durant les bombardements ?

MOUSSA ABU MARZOUK : Nous avons construit des tunnels parce nous n'avons pas d'autres moyens de nous [le Hamas] protéger, de ne pas être visés et tués. […] Tout le monde sait que 75 % des habitants de la bande de Gaza sont des réfugiés. C'est à l'ONU qu'incombe la responsabilité de les protéger.

Plus tard, Marzouk a ajouté à la BBC en arabe : « Vous attendez-vous à ce que je puisse faire entrer 2,5 millions de personnes dans les tunnels ?

KHALED MECHAAL, DIRIGEANT FONDATEUR DU HAMAS ET MEMBRE DE SON BUREAU POLITIQUE

D'UNE ENTREVUE SUR UN BALADO KOWEÏTIEN, EN JANVIER 2024

« Nous n'avons rien à voir avec la solution à deux États. Nous rejetons cette notion, car […] il nous faudrait reconnaître la légitimité de l'autre État, qui est l'entité sioniste.

« C'est inacceptable. »

APPENDICE

Les racines fascistes du Hamas remontent à la « Solution finale » de Hitler

TERRY EVANS

Les travailleurs qui cherchent à comprendre pourquoi, le 7 octobre 2023, les brutes du Hamas et leurs parrains à Téhéran ont organisé le massacre systématique de plus de 1 200 Juifs ainsi que de plus d'une cinquantaine d'Arabes bédouins et d'immigrants trouveront utile de revenir sur les origines et l'histoire du groupe [1]. Celles-ci tiennent dans leur détermination à « résoudre la question juive » en exterminant les Juifs.

Les précurseurs et le programme du Hamas viennent de forces arabes ultraréactionnaires qui ont formé une alliance pendant plusieurs années avec le parti nazi de Hitler dans les années 1930, sur la base d'un désir commun de mettre en oeuvre la « Solution finale » : le massacre des Juifs dans le monde entier. Ces forces comprenaient Amin al-Husseini, qui était devenu le grand mufti de Jérusalem en 1921, ainsi que les Frères musulmans en Égypte (dont est issu, des décennies plus tard, le Hamas en Palestine). Ces courants réactionnaires étaient un produit de la crise capitaliste mondiale croissante et des révolutions et contre-révolutions qui ont conduit à la Deuxième Guerre mondiale.

Les massacres de Juifs au Moyen-Orient par les forces islamistes ont commencé des décennies avant la création d'Israël. Les staliniens et la gauche petite-bourgeoise dissimulent aujourd'hui l'histoire de ces pogroms perpétrés par les précurseurs du Hamas. Ils présentent faussement le Hamas comme un mouvement de libération nationale, une composante de la « résistance palestinienne ».

À partir du début des années 1920, Amin al-Husseini, membre d'une des plus grandes familles de propriétaires fonciers de la Palestine, a orchestré des massacres de Juifs, là et aussi loin que Bagdad. Les dirigeants capitalistes du Royaume-Uni avaient pris le contrôle de la Palestine dans le cadre des tristement célèbres accords Sykes-Picot. Cette entente secrète résultant de la Première Guerre mondiale impérialiste a redessiné les frontières des territoires et des peuples de la région (Arabes, Kurdes, Juifs et autres) et réparti les richesses du Moyen-Orient entre Londres et Paris.

Les attaques d'al-Husseini contre les Juifs ont eu lieu alors que les luttes révolutionnaires contre l'oppression coloniale et l'exploitation capitaliste se généralisaient dans le monde au cours des décennies qui ont suivi la révolution bolchevique de 1917 en Russie.

En Égypte, une rébellion pour l'indépendance et une grève générale ont paralysé le pouvoir colonial britannique en 1919, avant que Londres ne les réprime brutalement.

La même année, les bolcheviks ont dirigé la formation de l'Internationale communiste. Des partis communistes ont rapidement été créés en Égypte et en Palestine. En Palestine, le parti comprenait initialement des révolutionnaires juifs et arabes. Ces derniers ont cherché à suivre l'exemple de la révolution bolchevique menée par

V. I. Lénine en unifiant les travailleurs de toutes les nationalités et religions pour prendre le pouvoir et ouvrir la voie à une révolution socialiste.

Mais ce début prometteur a été détruit lorsqu'une contrerévolution politique en Union soviétique, dirigée par Joseph Staline, a renversé le cours internationaliste prolétarien de Lénine à la fin des années 1920.

Au Moyen-Orient, cette réaction stalinienne a conduit à l'« arabisation » forcée de ces partis, en excluant les Juifs de leur direction et plus tard en divisant l'organisation en Palestine en deux partis distincts, l'un arabe et l'autre juif. À plus grande échelle, la réaction stalinienne a conduit à la destruction de l'Internationale communiste et de ses partis nationaux en tant qu'instrument révolutionnaire de la classe ouvrière partout dans le monde.

Al-Husseini noue des liens avec le régime nazi

Al-Husseini a dirigé son premier pogrom à Jérusalem en 1920, lors d'une procession religieuse musulmane où il a incité les participants à attaquer le quartier juif. Les Britanniques ont retiré leurs troupes de Jérusalem, donnant ainsi leur aval au pogrom. Six Juifs ont été assassinés et deux femmes violées. Les autorités britanniques ont ensuite gracié al-Husseini et l'ont nommé grand mufti de la ville, une fonction religieuse, juridique et politique de premier plan.

En 1929, al-Husseini a de nouveau exhorté ses partisans à attaquer les Juifs de Palestine. Plus de 130 Juifs ont été massacrés à Hébron et ailleurs. Des femmes ont été violées et des hommes, castrés. Les autorités britanniques ont été responsables de la plupart des morts du côté arabe au cours des événements de 1929 et elles y ont répondu en limitant l'immigration juive en Palestine.

Le Hamas tire ses origines des Frères musulmans, qui se sont liés au parti nazi d'Hitler dans les années 1930 sur la base d'un même désir de réaliser la « Solution finale » : massacrer tous les Juifs dans le monde.

EN HAUT : Le massacre du 7 octobre « n'est que le premier. Il y en aura un deuxième, un troisième, un quatrième », a promis Ghazi Hamad, dirigeant du Hamas, le 24 octobre 2024 à la télévision libanaise.

EN BAS : Quelques heures après le pogrom sanglant, l'agence de presse Tasnim du régime iranien a publié ce dessin de missiles qui pleuvent sur Israël et de Juifs jetés à la mer : l'objectif du Hamas et de Téhéran.

ARCHIVES FÉDÉRALES ALLEMANDES

ARCHIVES FÉDÉRALES ALLEMANDES

EN HAUT : Berlin, novembre 1941. Amin al-Husseini, grand mufti de Jérusalem, rencontre Adolph Hitler pour lui proposer sa collaboration « dans la lutte contre trois ennemis communs : les Anglais, les Juifs et le bolchevisme ». Pendant la Deuxième Guerre mondiale, les nazis radiodiffusaient les diatribes antijuives d'al-Husseini dans tout le Moyen-Orient.

EN BAS : Novembre 1943, al-Husseini salue les troupes de la Waffen SS en Bosnie, où il a créé une division musulmane de la force nazie. Après la guerre, al-Husseini a continué à collaborer étroitement avec les Frères musulmans basés en Égypte. Quatre décennies plus tard, le Hamas a été fondé comme branche armée des Frères musulmans à Gaza, avec le même objectif : exterminer les Juifs.

L'exploitation impérialiste rapace de la Grande-Bretagne dans la région a cherché à monter les Arabes contre les Juifs, afin de contrôler et de dominer les deux. (C'est ce qu'elle a aussi fait avec les musulmans et les hindous dans l'Inde coloniale, ce qui a conduit à la division sectaire sanglante de ce pays entre le Pakistan et l'Inde à la suite de la lutte victorieuse pour l'indépendance dans les années 1940).

En 1937, al-Husseini ne limitait plus ses perspectives à éliminer les Juifs en Palestine seulement. « Quiconque croit que tout ira bien si le problème de la Palestine est résolu ou que les Juifs sont vaincus dans ce conflit se trompe », peut-on lire dans la brochure *Islam et judaïsme*. La paternité de cette diatribe anonyme contre les Juifs, publiée pour la première fois au Caire en 1937, est généralement attribuée à al-Husseini. Il l'a certainement approuvée et il a oeuvré à la faire diffuser largement en Palestine et au Moyen-Orient.

Un régime pronazi a été brièvement établi en 1941 à Bagdad en Irak, à la suite d'un soulèvement contre les Britanniques. Lorsque le régime s'est effondré, al-Husseini, qui vivait alors à Bagdad, a accusé l'importante population juive de la ville d'en être responsable. Il a aidé à fomenter des pogroms meurtriers, qui se sont soldés par l'assassinat de près de 200 Juifs. L'armée britannique avait des troupes basées à 13 kilomètres de là, mais a décidé de ne rien faire pour arrêter le massacre.

Ces attaques ont marqué le début de la fin pour les Juifs de Bagdad, qui en constituaient environ le tiers de la population. Dans les quatre années qui ont suivi la création de l'État d'Israël en 1948, la terreur les a presque tous fait fuir l'Irak.

En 1941, al-Husseini s'est rendu de Bagdad à Berlin, d'où il a opéré pendant le reste de la Deuxième Guerre mondiale. Il y a tissé des liens étroits avec Hitler et son régime nazi, oeuvrant à étendre l'Holocauste au Moyen-Orient. Al-Husseini a assuré le ministre allemand des Affaires étrangères, Joachim von Ribbentrop, que les Arabes étaient « les amis naturels de l'Allemagne, car les deux sont engagés dans la lutte contre trois ennemis communs : les Anglais, les Juifs et le bolchevisme ».

Les nazis ont commencé à diffuser les écrits d'al-Husseini. Jusqu'au début de la Deuxième Guerre mondiale, l'ambassade d'Allemagne au Caire avait produit et diffusé la propagande des Frères musulmans. Tout au long de la guerre, les nazis ont radiodiffusé les tirades haineuses contre les Juifs d'al-Husseini et d'autres en arabe, en farsi et en turc, ce qui a permis de les faire connaître auprès d'un public beaucoup plus large. Aucune des émissions contre Hitler en arabe diffusées par les Britanniques ou les autres puissances alliées ne s'est efforcée de répondre politiquement au vitriolique « Tuez les Juifs » des nazis.

Al-Husseini a rencontré Hitler à Berlin en novembre 1941 pour concrétiser des plans de collaboration contre les Juifs au Moyen-Orient. En coopération avec les nazis, Al-Husseini a créé en Yougoslavie une division musulmane des détestées SS, la force paramilitaire de Hitler, en recrutant des musulmans de Bosnie.

De 1941 à 1943, le maréchal allemand Erwin Rommel a dirigé les forces allemandes et italiennes dans un effort pour chasser les forces britanniques d'Égypte, prendre le contrôle du canal de Suez et ouvrir la voie pour s'emparer des ressources pétrolières de la région. Les SS d'al-Husseini devaient suivre ses traces, avec pour tâche d'éliminer les Juifs de la région.

Les forces de Rommel ont réalisé d'importants progrès. Au moment où Rommel semblait sur le point de réaliser une percée décisive, al-Husseini a lancé un appel radiophonique à partir de Berlin. « Partout, les gens demandent quel rôle ils peuvent jouer pour éliminer les Britanniques et les Juifs », a dit la station de radio La voix des arabes libres. « Il faut noter le nom de chaque Juif, ainsi que son adresse et son entreprise. »

« Arabes de Syrie, d'Irak et de Palestine, qu'attendez-vous ? », a lancé cette station de radio 12 jours plus tard. « Tuez les Juifs, brûlez leurs biens, détruisez leurs magasins. »

Mais Rommel a été vaincu à El-Alamein en Égypte et Hitler n'a plus jamais menacé le Moyen-Orient.

Al-Husseini se joint aux Frères musulmans

En 1945, les forces alliées ont capturé al-Husseini et l'ont gardé en résidence surveillée en France. Il s'est échappé l'année suivante et s'est rendu en Égypte, où il a été célébré par les Frères musulmans, une organisation réactionnaire qui venait de commettre un pogrom au Caire au cours duquel six Juifs avaient été assassinés.

« L'Allemagne et Hitler ont disparu », a dit le dirigeant central des Frères musulmans, Hassan al-Banna. « Mais al-Husseini continuera la lutte. »

Et c'est ce qu'il a fait.

Al-Husseini a assumé la direction du comité exécutif du Haut Comité arabe de Palestine, dont le but était d'empêcher l'établissement de l'État d'Israël comme refuge pour plusieurs centaines de milliers de survivants juifs en Europe. Il a dirigé les efforts qui, le lendemain même de la déclaration d'indépendance d'Israël en mai 1948, ont mené à l'invasion du nouvel État par les gouvernements réactionnaires de l'Égypte, de l'Irak, de la Jordanie, du Liban et de la Syrie. L'offensive a été repoussée au début de l'année suivante.

Le Hamas a été fondé en 1987 en tant que branche armée des Frères musulmans en Palestine. Ses origines politiques remontent à al-Husseini et à sa collaboration avec le régime nazi.

Le Hamas partage la même haine des Juifs comme peuple et le même désir de les voir disparaître de la surface de la Terre.

La vérité sur les racines historiques du Hamas réfute toute prétention que ce groupe sanguinaire puisse être une direction anti-impérialiste ou progressiste des travailleurs et des paysans palestiniens. Au contraire, il constitue une menace réactionnaire pour les travailleurs palestiniens, pour les Juifs et pour l'ensemble de la classe ouvrière, quelle qu'en soit l'origine nationale.

Une machine à tuer génocidaire qui doit être combattue et vaincue.

RÉFÉRENCES

CHAPITRE 2

1. « À propos des pogromes antijuifs » dans V. I. Lénine, *Oeuvres complètes* (par la suite, *OCL*), tome 29, éditions du Progrès, Moscou, 1976, p. 254-255.

2. « Décret sur la lutte contre l'antisémitisme et les pogromes antijuifs, » V. I. Lénine, V. D. Bontch-Brouïevitch et N. Gorbounov, disponible en ligne à https://www.marxists.org/francais/lenin/works/1918/07/lenine%20antisemitisme.htm

3. « Rapport sur la révolution de 1905, » *OCL*, tome 23, p. 273.

4. « La réaction engage la lutte armée, » *OCL*, tome 10, p. 538-543.

5. « À propos des mots d'ordre et de la conception du travail social-démocrate à la Douma et en dehors, » *OCL*, tome 17, p. 341.

6. « Projet de loi sur l'égalité en droits des nations, » *OCL*, tome 20, p. 178-180.

7. Léon Trotsky, *Ma vie*, éditions Gallimard, Paris, 1973, p. 404.

8. « Le prolétariat juif a-t-il besoin d'un "Parti politique distinct" ?, » *OCL*, tome 6, p. 341-342.

9. James P. Cannon, *First Ten Years of American Communism*, éditions Pathfinder, New York, 1973, p. 114.

CHAPITRE 3

1. « Rapport de la Commission nationale et coloniale, » *OCL*, tome 31, p. 248-249.

2. « Première ébauche des thèses sur les questions nationale et coloniale, » *OCL*, tome 31, p. 149-151.

3. « Sur le “problème juif”, » Léon Trotsky, *Oeuvres*, volume 3, Institut Léon Trotsky, Paris, 1978, p. 220-222.

CHAPITRE 4

1. « Billet au Bureau politique sur la lutte contre le chauvinisme de grande puissance, » *OCL*, tome 33, p. 379.

2. *Lenin's Final Fight: Writings 1922–23*, éditions Pathfinder, New York, 2010, p. 356-358.

3. « La question des nationalités ou de l'“autonomie”, » *OCL*, tome 36, p. 624.

4. Léon Trotsky, *The Third International after Lenin*, éditions Pathfinder, New York, 1996, p. 25-32.

5. « Interview with the *Jewish Daily Forward*, » Léon Trotsky, *Writings of Leon Trotsky, 1936–37*, éditions Pathfinder, New York, 1978, p. 124-130.

6. « Thermidor et l'antisémitisme, » Léon Trotsky, disponible en ligne à https://www.marxists.org/francais//trotsky/oeuvres/1937/02/antisemitisme.htm

7. « The Death Agony of Capitalism and the Tasks of the Fourth International » dans Léon Trotsky, *The Transitional Program for Socialist Revolution*, éditions Pathfinder, New York, 1977, p. 172.

CHAPITRE 5

1. Farrell Dobbs, *Teamster Politics*, éditions Pathfinder, New York, 2015, p. 187-197.

2. James P. Cannon, *The Founding of the Socialist Workers Party: Minutes and Resolutions 1938–39*, éditions Pathfinder, New York, 1982, p. 403-404, 410-411.

3. *The Founding of the Socialist Workers Party*, p. 415-418.

4. James P. Cannon, *Le socialisme en procès, Déposition au procès pour sédition de Minneapolis*, éditions Pathfinder, New York, 2016, p. 137-142.

5. *Tribuns du peuple et syndicats*, éditions Pathfinder, New York, 2020, p. 107-109.

6. Léon Trotsky, *The Transitional Program for Socialist Revolution*, éditions Pathfinder, New York, 1977, p. 161-163.

CHAPITRE 6

1. Article de l'édition du 23 octobre 2023 de l'hebdomadaire socialiste *The Militant*.

2. Léon Trotsky, « On the Jewish Problem » dans *Fourth International*, décembre 1945. Disponible en ligne à https://www.themilitant.com/NI/FI45/FI45_12.PDF#page=25&view=FitV,35

3. Jack Barnes, *Malcolm X, la libération des Noirs et la voie vers le pouvoir ouvrier*, éditions Pathfinder, New York, 2020, p. 200-201.

4. *Malcolm X, la libération des Noirs et la voie vers le pouvoir ouvrier*, p. 19-20.

5. *Malcolm X, la libération des Noirs et la voie vers le pouvoir ouvrier*, p. 347-348.

6. Jack Barnes, Mary-Alice Waters et Steve Clark, *Le creux de la résistance ouvrière est derrière nous : Le Parti socialiste des travailleurs regarde vers l'avant*, éditions Pathfinder, New York, 2023, p. 132-135.

APPENDICE

1. *The Militant*, 11 décembre 2023.

GLOSSAIRE

Beilis, procès de — Procès en 1913 de Menahem Mendel Beilis, un Juif de Kyiv, faussement accusé du meurtre d'un garçon chrétien. Le procès a été accompagné d'une campagne virulente accusant les Juifs d'utiliser du sang humain à des fins rituelles (accusation de meurtre rituel). Le jury a refusé de condamner l'accusé.

Biélostok — Maintenant appelée Bialystok, en Pologne. Scène d'un pogrom en 1906 marqué par l'assassinat d'un grand nombre de Juifs.

Bonapartiste — Régime qui repose sur un pouvoir exécutif autoritaire et qui se présente comme au-dessus des forces de classes en conflit afin de maintenir le pouvoir de la couche dominante.

Bund (Union générale des travailleurs juifs) — Actif entre 1897 et 1920. Prétendait être le seul représentant politique des travailleurs juifs. Au sein du Parti ouvrier social-démocrate de Russie, il a proposé une structure fédérée et s'est opposé au cours de Lénine et des bolcheviks.

Cent-Noirs — Ligue soutenue par les tsaristes et regroupant des propriétaires terriens, des paysans riches et des personnalités du gouvernement et de l'Église, qui a assassiné des révolutionnaires et organisé des pogroms pendant et après la Révolution russe de 1905.

« Chasse dans un poulailler » (guerre en Irak, 1991) — Vers la fin de l'invasion terrestre de l'Irak dirigée par les États-Unis au début de 1991, le commandement militaire américain a ordonné le bombardement et le pilonnage d'un convoi de chars d'assaut et de véhicules irakiens en retraite, ainsi que de voitures, de camions et d'autobus civils, tuant des milliers de personnes. Les hauts gradés américains ont appelé ce carnage « une chasse dans un poulailler ». Au total, quelque 150 000 personnes ont été massacrées en Irak pendant les deux mois de la guerre.

Chemises d'argent — Organisation fasciste fondée par William Dudley Pelley en 1933. A propagé la haine des Juifs et organisé des attaques contre les syndicats tout au long des années 1930.

Comintern — voir Troisième Internationale.

Conseil des commissaires du peuple — Principal organe exécutif du gouvernement soviétique.

Cosaques — Soldats de cavalerie en Russie et en Ukraine. Recevaient des privilèges spéciaux et des terres en échange de leur service militaire. Parmi les principaux organisateurs de pogroms contre les Juifs.

Dreyfus, Alfred (1859-1935) — Capitaine de l'armée française et Juif, accusé en 1894 d'espionnage au profit de l'Allemagne dans un notoire coup monté antisémite. Reconnu coupable de trahison et condamné à vie à la colonie pénitentiaire de l'île du Diable. Sous l'impact du tollé mondial, il est gracié en 1899 et réintégré en 1906. L'armée française n'a reconnu publiquement son innocence qu'en 1995.

Front chrétien — Organisation politique structurée comme une milice, formée en 1938 à l'appel du Père Charles Coughlin, un « prêtre de la radio » antisémite et anticommuniste. A organisé des attaques et des campagnes de boycottage contre des commerces appartenant à des Juifs.

Gordon, Albert (1903-1968) — Rabbin à Minneapolis de 1930 à 1946, opposé au fascisme. Animateur d'une émission de radio hebdomadaire.

Grèves avec occupation d'usine, France (mai-juin 1936) — Vague de grèves et d'occupations d'usines qui a ouvert une période prérévolutionnaire menaçant le régime capitaliste.

Le PC stalinien a démobilisé les travailleurs pour stabiliser le gouvernement bourgeois du Front populaire, formé du Parti socialiste, du PC et du Parti radical capitaliste.

Hague, Frank (1876-1956) — Maire démocrate de Jersey City de 1917 à 1947. Entretenait des liens étroits avec l'administration Roosevelt. Personnalité fasciste émergente, a utilisé dans les années 1930 le bureau du maire, la violence policière et des brutes à gages pour chasser les syndicats de la ville et persécuter les socialistes et les communistes.

Holocauste — Assassinat systématique de six millions de Juifs pendant la Deuxième Guerre mondiale par l'Allemagne nazie et ses collaborateurs. Quarante pour cent des 16,6 millions de Juifs dans le monde ont été massacrés entre 1941 et 1945 dans le cadre de la « Solution finale de la question juive » de Hitler.

Incendie du Reichstag — En février 1933, un incendie a détruit l'édifice du parlement allemand (Reichstag). Les dirigeants nazis et leurs alliés ont faussement accusé les communistes d'en être responsables. Ils ont suspendu les protections constitutionnelles et commencé à construire des camps de concentration.

Internationale communiste — voir Troisième Internationale.

Kamenev, Lev (1883-1936) — Dirigeant du Parti bolchevique et personnalité dirigeante du gouvernement soviétique après 1917. Exécuté pendant les procès truqués de Staline.

***Kristallnacht* (la Nuit de cristal)** — Pogrom contre les Juifs perpétré par les forces paramilitaires nazies dans toute l'Allemagne et les territoires sous son contrôle en novembre 1938. Connue sous le nom de « Nuit du verre brisé » à cause de la destruction de commerces, de synagogues et de maisons appartenant à des Juifs. Plus de 90 Juifs tués et 30 000 hommes juifs arrêtés et envoyés dans des camps de concentration.

***Mein Kampf* (Mon combat)** — Manifeste politique d'Adolf Hitler de 1925, promouvant les éléments centraux du nazisme :

l'antisémitisme et le projet d'un monde aryen. S'est appuyé sur *Les Protocoles des Sages de Sion*, un document antisémite.

New Deal — Programme législatif lancé en 1933-1934 par le président Franklin D. Roosevelt dans le but de désamorcer la résistance ouvrière croissante et stabiliser la domination capitaliste.

Northwest Organizer — Journal publié par les Teamsters de Minneapolis de 1934 à 1942 comme voix du mouvement ouvrier en lutte dans le Haut-Midwest. Il a été le premier quotidien de grève publié par un syndicat aux États-Unis.

Opposition de gauche — Dirigée par Léon Trotsky et fondée en 1923. A lutté au sein du Parti communiste russe et de l'Internationale communiste pour poursuivre le cours internationaliste prolétarien de Lénine.

Panislamisme — Mouvement né à la fin du 19e siècle dans l'Empire ottoman. A cherché à lier la lutte contre la domination coloniale européenne et américaine au renforcement du pouvoir des nobles, des grands propriétaires fonciers et du clergé.

Parti bolchevique — voir Parti ouvrier social-démocrate de Russie.

Parti ouvrier social-démocrate de Russie (POSDR) — Fondé en 1898. En 1903, Lénine et l'aile bolchevique ont projeté un cours comme parti indépendant avec un programme révolutionnaire. Rebaptisé Parti communiste russe (bolchevik) en mars 1918.

Parti socialiste des travailleurs (SWP) — Parti ouvrier révolutionnaire aux États-Unis. Issu du Parti communiste (PC) fondé aux États-Unis en 1919. Les membres du PC qui s'opposaient au cours contrerévolutionnaire de Staline en ont été expulsés et ont fondé en 1929 la Ligue communiste d'Amérique (CLA), qui est devenue le Parti socialiste des travailleurs en 1938.

Pelley, William Dudley — voir Chemises d'argent.

Procès de Moscou — Simulacres de procès, montés de 1936 à 1938 par la bureaucratie contrerévolutionnaire dirigée par Staline. Tous les membres du Bureau politique de l'époque de

Lénine ont été arrêtés et la plupart exécutés. Les seules exceptions ont été Staline lui-même et Léon Trotsky, contraint à l'exil en 1928 et assassiné par la police secrète de Staline au Mexique en 1940.

Protocoles des Sages de Sion — Falsification antisémite concoctée en 1905 par la police secrète tsariste et contenant les soi-disant « procès-verbaux » de réunions secrètes juives. Visait à accréditer l'existence d'une « conspiration juive internationale » pour la domination du monde. Largement utilisés par Hitler et les nazis, de même que par le Hamas.

Quatrième Internationale — Organisation mondiale de partis communistes fondée en 1938 à l'initiative du dirigeant bolchevique Léon Trotsky. Devenue nécessaire en raison de la trahison par la Troisième Internationale du cours internationaliste prolétarien de Lénine.

Rassemblements de Nuremberg — Rassemblements massifs du Parti nazi, organisés chaque année de 1933 à 1938. Hitler les a utilisés pour prononcer des discours antisémites.

République socialiste fédérative soviétique de Russie (RSFSR) — Établie en 1917 après la victoire de la Révolution russe. La RSFSR était la plus grande de quatre républiques qui sont devenues en 1922 l'Union des républiques socialistes soviétiques (URSS), une union volontaire de nations égales.

Révolution espagnole (1936-1939) — En 1936, des forces fascistes ont déclenché une guerre civile. Au milieu d'une crise capitaliste croissante, les travailleurs et les paysans ont commencé à s'emparer des usines et des terres. Le PC stalinien a démobilisé ces luttes afin de renforcer le gouvernement républicain du Front populaire. La révolution s'est terminée dans la défaite et par l'établissement d'un régime fasciste en 1939. Avec cette défaite, la Deuxième Guerre mondiale est devenue pratiquement inévitable.

Révolution russe de 1905 — La révolution des travailleurs, paysans et soldats contre le tsarisme a commencé en janvier. Composés de délégués d'usine, les conseils ouvriers, appelés *soviets,* ont fonctionné comme un gouvernement provisoire. Le tsar Nicolas II a décrété la création d'un parlement aux pouvoirs limités, la Douma, pour contrer la révolution. Les pogroms soutenus par les tsaristes se sont intensifiés pendant et après la révolution.

Staline, Joseph (1879-1953) — Après la mort de Lénine, a dirigé une contrerévolution politique antiléniniste au sein du Parti communiste russe, du gouvernement soviétique et de la Troisième Internationale. A rejeté le cours internationaliste prolétarien de Lénine.

Thermidor — Mois du calendrier français (juillet 1794) au cours duquel la réaction bourgeoise a renversé la révolution. Un parallèle au cours contrerévolutionnaire dirigé par Staline en Union soviétique.

Troisième Internationale — Organisation mondiale du mouvement communiste fondée en 1919 sous la direction de Lénine. Alternative révolutionnaire à l'Internationale socialiste (Deuxième Internationale) et à sa politique de collaboration de classe.

CHRONOLOGIE

1880-1924 – Plus de deux millions de Juifs, coincés entre des relations sociales féodales décadentes et des relations sociales capitalistes montantes, émigrent d'Europe de l'Est vers l'Europe de l'Ouest, l'Amérique du Nord, l'Amérique du Sud et ailleurs. De nombreux Juifs de la Russie tsariste fuient les pogroms et les persécutions qui se multiplient.

1894 – Alfred Dreyfus, capitaine de l'armée française et Juif, est condamné pour trahison et incarcéré dans le bagne de l'île du Diable. La campagne pour le défendre a mis en lumière la montée de la haine des Juifs en Europe.

1895 – La guerre hispano-cubano-américaine marque le début de l'ère impérialiste. Dans leur guerre contre l'Espagne, les dirigeants américains s'emparent de Porto Rico, des Philippines et de Guam ; Cuba devient une néocolonie. Washington, Londres, Paris, Berlin, Tokyo, Moscou s'affrontent pour le partage des colonies et des marchés mondiaux.

1898 – Le Parti ouvrier social-démocrate de Russie (POSDR) est fondé en tant qu'organisation politique ouvrière révolutionnaire dans l'empire tsariste.

1903 – Scission au sein du POSDR. Création du Parti bolchevique, ouvert à tous ceux qui adhèrent au programme communiste et sont actifs au sein d'une unité du parti ; les bolcheviks rompent avec les mencheviks. La même année le Bund, un groupe de travailleurs juifs, forme un parti distinct.

1905-1911 – Révolution constitutionnelle en Iran contre la monarchie et la domination impérialiste. En 1911, le régime dissout le nouveau parlement avec l'aide des troupes tsaristes.

1905 – Révolution populaire en Russie contre le régime tsariste. Des conseils de travailleurs (soviets) se forment à Pétrograd avec le soutien de soldats et de paysans. Le tsar accepte la formation d'un parlement symbolique (Douma).

septembre – La guerre russo-japonaise se termine par une victoire de Tokyo impériale.

1906 – Pogrom à Biélostok (aujourd'hui Bialystok en Pologne) au cours de la deuxième vague de massacres organisés par le régime tsariste. La police n'intervient pas.

1910 – Tokyo annexe la Corée, qui devient une colonie de l'impérialisme japonais.

1911 – Des révolutionnaires renversent la dynastie Qing, le régime impérial, et établissent la République bourgeoise de Chine.

1913 – Mendel Beilis, Juif russe, est accusé à Kyiv du meurtre « rituel » d'un enfant. Le jury refuse de le condamner.

1914-1918 – Première Guerre mondiale, première boucherie inter-impérialiste mondiale. Quarante millions de morts et de blessés.

1914 – Des députés bolcheviks présentent à la Douma tsariste un projet de loi visant à abolir toutes les restrictions imposées aux nationalités, y compris aux Juifs.

1915-1916 – Le gouvernement « réformateur » des Jeunes-Turcs dans l'Empire ottoman initie le génocide arménien, tuant entre 650 000 et plus d'un million de personnes.

1916 – « Insurrection de Pâques » en Irlande contre la domination coloniale britannique. Bien que réprimée, la révolte a ouvert la voie à l'indépendance de l'Irlande du Sud six ans plus tard.

1917, novembre (octobre selon le calendrier russe) – L'insurrection menée par les bolcheviks porte au pouvoir une république ouvrière et paysanne, quelques mois après le renversement du régime tsariste en mars (février). Le nouveau gouvernement agit en faveur du droit à l'autodétermination des nations opprimées. Il lance une campagne victorieuse pour mettre fin aux pogroms.

novembre – Le ministre britannique des Affaires étrangères, James Balfour, envoie une lettre (la Déclaration Balfour) à la Fédération sioniste mondiale en soutien à « l'établissement en Palestine d'un foyer national pour le peuple juif ».

1918-1920 – Guerre civile en Russie. Les anciens dirigeants capitalistes, soutenus par 16 États impérialistes et bourgeois, attaquent la république soviétique et déclenchent des pogroms. Ils sont vaincus par l'Armée rouge.

1918-1919 – Révolution allemande. Les travailleurs et des soldats renversent la monarchie et forment des conseils révolutionnaires. Ils subissent la défaite quand les dirigeants sociaux-démocrates aident les capitalistes à écraser les travailleurs, préservant ainsi le pouvoir bourgeois.

1919, mars – Fondation de l'Internationale communiste à l'initiative de Lénine et des bolcheviks en Russie soviétique.

septembre – Fondation du Parti communiste aux États-Unis.

1920-1924 – Premières années du Parti communiste de Palestine, reconnu par l'Internationale communiste.

1920 – Dans le cadre d'un morcellement entre Londres et Paris de l'Empire ottoman, après sa défaite, les dirigeants britanniques obtiennent un « mandat » sur la Palestine, qui s'accompagne d'une modification des frontières et d'un nouveau partage des richesses des territoires du Moyen-Orient où vivent Arabes, Juifs, Kurdes et d'autres peuples.

1922 – Le mouvement fasciste de Benito Mussolini prend les rênes du gouvernement italien. À la suite des grèves et des prises de contrôle d'usines qui ont ouvert une situation prérévolutionnaire en 1919-1920, les dirigeants du Parti socialiste refusent d'agir, ouvrant la voie aux fascistes.

1924 – Adoption d'une loi américaine sur l'immigration, qui limite considérablement l'immigration en provenance de l'Asie, du Moyen-Orient et de certaines régions d'Europe. Elle ralentit considérablement l'immigration des Juifs.

1925 – Publication en Allemagne de *Mein Kampf* d'Adolph Hitler.

1928-1929 – Les cadres du Parti communiste aux États-Unis qui luttent pour poursuivre la voie internationaliste prolétarienne de Lénine contre le « socialisme dans un seul pays » de Staline sont expulsés. Ils fondent la Ligue communiste d'Amérique, précurseur du Parti socialiste des travailleurs.

1928 – Fondation des Frères musulmans en Égypte ; l'élimination des Juifs est au coeur de leur programme.

1929 – L'effondrement de la bourse des valeurs aux États-Unis provoque l'écroulement du système financier et bancaire capitaliste, ouvrant une crise économique et sociale mondiale de l'emploi, de la production et du commerce pendant une décennie : la « Grande Dépression ».

1929 – Pogrom en Palestine, alors sous domination britannique, fomenté par Amin al-Husseini, grand mufti de Jérusalem. Qualifiant l'agression antijuive de soulèvement national arabe, le Comintern, dirigé par Staline, lance l'« arabisation » du PC de Palestine et impose une direction du parti à majorité arabe.

1933-1935 – Des lois nazies excluent les Juifs des professions libérales. Elles expulsent les enfants juifs des écoles publiques et privent les Juifs de leur citoyenneté. Les lois raciales de Nuremberg désignent les Juifs comme « race sous-humaine ». Premiers camps de concentration, initialement destinés aux militants politiques et syndicaux.

1933, janvier – Hitler est nommé chancelier de l'Allemagne. Le refus des dirigeants du Parti communiste de masse de pousser pour établir un front uni avec le Parti social-démocrate afin de défendre les syndicats et les partis ouvriers permet au régime répressif nazi de se consolider.

février – Le parti nazi au pouvoir accuse faussement les communistes pour l'incendie du Reichstag (parlement) allemand et mobilise des escadrons terroristes pour écraser le mouvement ouvrier.

1934 – Le syndicat des Teamsters mène des grèves à Minneapolis qui font de cette ville un bastion syndical. Cette victoire permettra de syndiquer un quart de million de grands routiers à travers le nord du Midwest en 1939 et de forger un noyau de direction lutte de classe.

1935 – Création du Congrès des organisations industrielles (CIO) dans la lancée des grèves victorieuses de 1934 des camionneurs de Minneapolis, des ouvriers de l'automobile de Toledo et des débardeurs de San Francisco.

1936-1939 – La révolution et la guerre civile en Espagne se soldent par la défaite de la classe ouvrière face aux forces fascistes.

1936-1939 – Amin al-Husseini et les familles de propriétaires terriens dominantes en Palestine utilisent la révolte contre la domination britannique pour lancer des attaques meurtrières contre les Juifs.

1936-1938 – Le régime de Staline organise à Moscou des procès truqués, dans le cadre de maoeuvres contrerévolutionnaires dirigées contre l'avant-garde prolétarienne de l'Union soviétique et le mouvement communiste mondial.

1936 – Soulèvement révolutionnaire de la classe ouvrière en France, qui finit par être démobilisée par les Partis communiste et socialiste, dont les dirigeants subordonnent la lutte au soutien au gouvernement capitaliste du Front populaire.

1938-1948 – Washington, Londres et d'autres puissances impérialistes ferment leurs frontières aux réfugiés juifs d'Europe.

1938, janvier – Fondation du Parti socialiste des travailleurs aux États-Unis. Le SWP lance une campagne pour exiger du gouvernement américain d'ouvrir ses frontières aux réfugiés juifs.

août-octobre – Les syndicalistes de Minneapolis mettent sur pied la Garde de défense syndicale de la section locale 544, qui met en déroute les Chemises d'argent fascistes qui menaçaient d'attaquer les syndicats et les Juifs.

novembre – Pogrom de la *Kristallnacht* (la Nuit de cristal), par le régime nazi en Allemagne.

1939-1945 – Deuxième Guerre mondiale. Deuxième boucherie impérialiste, qui s'achève en août 1945 par le bombardement atomique d'Hiroshima et de Nagasaki par les États-Unis.

1939, février – Manifestation à New York de 50 000 travailleurs contre un rassemblement pronazi de 20 000 personnes au Madison Square Garden. L'action est appelée par le SWP et construite par des travailleurs et des syndicalistes.

mai-juin – L'administration Roosevelt interdit au navire *St-Louis*, transportant quelque 900 réfugiés juifs allemands, d'accoster dans un port américain. Forcés de retourner en Europe, plus d'un quart des passagers juifs seront tués au cours des années suivantes.

août – Pacte Staline-Hitler. Sous couvert d'un traité de « non-agression », les forces armées allemandes et soviétiques envahissent et se partagent la Pologne, marquant ainsi le début de la Deuxième Guerre mondiale en Europe.

1941-1945 – L'Holocauste. Six millions de Juifs, soit près de la moitié de la population juive mondiale, sont exterminés par le régime nazi et ses alliés en Europe centrale et orientale. Entre 250 000 et 500 000 Roms sont également supprimés.

1941, novembre – Le grand mufti Amin al-Husseini rencontre Hitler et convient de lancer une guerre commune pour éliminer les Juifs.

1943 – Soulèvement du ghetto de Varsovie contre les persécutions nazies : la plus importante révolte de Juifs au cours de la Deuxième Guerre mondiale.

1945-1952 – Washington et les autres puissances impérialistes victorieuses de la Deuxième Guerre mondiale refusent l'entrée à plus de 250 000 réfugiés juifs, les contraignant à rester dans des camps de « personnes déplacées », principalement en Allemagne, en Autriche et en Italie.

1945-1948 – Le blocus naval britannique vise à empêcher les survivants juifs européens de se réfugier en Palestine, y compris les 4500 passagers du navire *Exodus*.

1948 – Des pogroms et des expulsions massives de Juifs commencent en Afrique du Nord et au Moyen-Orient, réduisant la population juive d'un million à quelque 15000 personnes aujourd'hui. La plupart des réfugiés se rendent en Israël.

mai – Création de l'État d'Israël. Les armées de l'Égypte, de l'Irak, de la Syrie, de la Jordanie et du Liban lancent une invasion et une guerre pour détruire Israël, mais elles sont vaincues à la fin de l'année.

1949 – Révolution en Chine. Après avoir renversé le régime soutenu par l'impérialisme, le Parti communiste dirigé par les staliniens, confronté à la menace d'une invasion par les forces américaines et au sabotage par la bourgeoisie chinoise, exproprie la classe capitaliste en 1951-1952.

1950-1953 – La guerre de Corée se termine par l'échec de l'invasion brutale et des bombardements par les États-Unis, qui cherchaient à occuper et à dominer l'ensemble de la péninsule coréenne. La division de la Corée imposée par Washington après la guerre est toujours en place.

1951-1975 – La plupart des colonies africaines des puissances impérialistes accèdent à l'indépendance.

1952 – Le régime de Staline exécute les dirigeants du Comité juif antifasciste, créé en Union soviétique pendant la Deuxième Guerre mondiale.

1953 – « Complot des médecins » en Union soviétique. Victimes d'un coup monté antisémite, neuf médecins, dont six Juifs, sont emprisonnés sous de fausses accusations de conspiration en vue d'assassiner des dirigeants soviétiques.

juillet – Environ 150 révolutionnaires sous le commandement de Fidel Castro lancent une attaque insurrectionnelle contre la caserne Moncada de Santiago de Cuba et la garnison de

Bayamo, amorçant ainsi la lutte révolutionnaire contre la dictature soutenue par les États-Unis.

1955-1956 – Boycott du transport en commun de Montgomery, en Alabama. Des manifestations rassemblant des dizaines de milliers de personnes mettent fin à la ségrégation dans les autobus de la ville. Elles trouvent beaucoup d'appuis à l'échelle nationale, ce qui ouvre une nouvelle étape dans le mouvement prolétarien qui, en 1965, met fin à la ségrégation de Jim Crow dans le Sud des États-Unis.

1956 – Le gouvernement égyptien nationalise le canal de Suez, propriété de l'impérialisme ; les gouvernements britannique, français et israélien l'envahissent. Pour protéger ses intérêts dans la région contre leurs rivaux, les dirigeants capitalistes américains aident l'Égypte à rétablir sa souveraineté sur le canal.

1959 – L'armée rebelle commandée par Fidel Castro renverse la dictature de Fulgencio Batista. L'insurrection et la grève générale des travailleurs amènent au pouvoir un gouvernement révolutionnaire, initiant rapidement la première révolution socialiste des Amériques.

1960, septembre – Malcolm X accueille Fidel Castro à Harlem pendant une session de l'Assemblée générale des Nations unies.

1961 – Washington organise l'invasion de la baie des Cochons à Cuba par 1 500 mercenaires. Ils sont vaincus en moins de 72 heures par les forces armées, la milice et la police de la révolution.

1962, octobre – Les travailleurs et les agriculteurs cubains se mobilisent pour contrecarrer les plans d'invasion américains, après que Washington a mis le monde au bord d'un conflit nucléaire lors de la « crise des missiles ».

1963, avril-mai – Lors de la « Bataille de Birmingham », les défenseurs des droits des Noirs en Alabama organisent des marches et ripostent aux attaques des policiers. Ces actions marquent un tournant dans la lutte pour l'obtention du droit de vote et d'autres protections fédérales des droits civiques.

1964 – Washington provoque un incident naval dans le golfe du Tonkin, au Vietnam, comme prétexte à l'escalade de la guerre contre la lutte pour la réunification et la souveraineté nationales. Les troupes américaines passent de 23 000 à un demi-million de soldats en 1968.

1967, juin – Guerre des Six Jours. Les armées égyptienne, jordanienne et syrienne sont battues par l'armée israélienne, qui occupe la péninsule du Sinaï, Gaza, la Cisjordanie et le plateau du Golan.

1972 – Massacre à Munich de 11 membres de l'équipe olympique israélienne par le groupe palestinien Septembre noir.

1973 – Guerre du Kippour. Les armées d'Égypte, de Syrie et d'autres États arabes attaquent Israël et sont vaincues.

1974-1975 – Première récession économique internationale depuis la Deuxième Guerre mondiale, assortie de flambées d'inflation globale jusqu'au milieu des années 1980.

1974 – Un coup d'État militaire au Portugal renverse la dictature vieille de plusieurs décennies. Des avancées dans les luttes d'indépendance des colonies africaines de Lisbonne (Angola, Cap-Vert, Guinée-Bissau, Mozambique) jouent un rôle clé dans la chute du régime.

1975-1988 – L'Angola nouvellement indépendant lance un appel international pour des combattants volontaires afin de repousser l'assaut du régime d'apartheid de l'Afrique du Sud. Cuba envoie des volontaires et aide à repousser l'invasion. En 1988, les volontaires cubains aident les Angolais à vaincre la dernière attaque sud-africaine lors de la bataille de Cuito Cuanavale.

1975, avril – Les troupes américaines abandonnent Saïgon (aujourd'hui Hô Chi Minh-Ville). Les combattants vietnamiens remportent la très dure bataille pour la libération et l'unification nationales.

1979-1982 – Israël restitue le Sinaï à l'Égypte. Le Caire devient le premier gouvernement arabe à reconnaître Israël, suivi en 1994 par la Jordanie.

1979, février – Une puissante révolution populaire en Iran renverse le shah, qui était soutenu par les États-Unis. Vers 1983, un régime clérical bourgeois consolide une contrerévolution.

mars – Sous la direction de Maurice Bishop, les travailleurs de l'île de la Grenade, dans les Antilles, renversent la dictature soutenue par les États-Unis et mettent en place un gouvernement de travailleurs et d'agriculteurs.

juillet – Le Front sandiniste de libération nationale renverse la dictature de Somoza au Nicaragua et met en place un gouvernement de travailleurs et de paysans.

1982 – Au Liban, en pleine guerre civile et pendant des opérations militaires israéliennes, le gouvernement iranien crée une organisation politique réactionnaire dotée d'une milice, le Hezbollah.

1987-1993 – Manifestations soutenues des Palestiniens, connues sous le nom de « Première Intifada », contre l'occupation israélienne de la Cisjordanie et de la bande de Gaza.

1987-1988 – À Gaza, les Frères musulmans créent le Hamas, dont la charte fondatrice appelle à « Tuer les Juifs ».

1988 – Durant l'« opération Anfal », le régime de Saddam Hussein massacre environ 100 000 Kurdes et en expulse des milliers d'autres dans le cadre d'une vaine tentative d'« arabiser » le nord de l'Irak.

1989-1991 – Effondrement de régimes staliniens en Europe centrale et orientale et en Union soviétique.

1990-1991 – Le régime irakien de Saddam Hussein envahit le Koweït. La guerre du Golfe, pilotée par les États-Unis, est lancée contre l'Irak.

1992, mars – L'ambassade d'Israël à Buenos Aires en Argentine est la cible d'un attentat à la bombe. Le Hezbollah revendique l'attentat, qui a fait 29 morts et plus de 250 blessés.

mai – Le gouvernement régional kurde est créé en tant que région autonome de l'Irak, avec sa propre armée, son propre parlement et des pouvoirs administratifs limités.

1994, avril – Nelson Mandela est élu président de l'Afrique du Sud lors des premières élections ouvertes à tous, quelle que soit la couleur de peau. La victoire des combattants angolais et cubains contre l'armée sud-africaine a joué un rôle déterminant dans l'abolition de l'apartheid.

juillet – Des terroristes liés au Hezbollah et au gouvernement iranien effectuent un attentat à la bombe contre un centre communautaire juif de Buenos Aires, faisant 87 morts et plus de 100 blessés.

2000-2005 – « Deuxième Intifada ». Les dirigeants du Hamas, du Jihad islamique et du Fatah transforment les manifestations de protestation en Cisjordanie et à Gaza en une campagne d'attentats-suicides et d'autres attaques meurtrières contre des cibles civiles israéliennes, y compris des autobus.

2001, septembre – Le groupe islamiste Al-Qaïda lance des avions de ligne qu'il avait réussi à détourner contre les tours du World Trade Center à New York et contre le Pentagone en Virginie. Environ 3 000 personnes sont tuées.

2001-2021 – Washington lance ce qui allait devenir une guerre de 20 ans contre le régime taliban en Afghanistan, qui a accueilli les membres d'Al-Qaïda qui avaient organisé les attentats du 11 septembre. La guerre se poursuit sous quatre administrations des États-Unis. L'administration Biden retire les troupes en 2021 dans le cadre d'une défaite. Quelque 50 000 Afghans ont été tués et des millions de civils ont fui le pays.

2003 – Washington envahit l'Irak et renverse le régime de Saddam Hussein.

2005 – Début de la campagne internationale « Boycott, désinvestissement et sanctions », contre des échanges universitaires, culturels et commerciaux avec des Juifs en Israël.

2005 – Le gouvernement israélien retire son administration et ses colonies de toute la bande de Gaza.

2006-2007 – Lors des élections législatives organisées dans la bande de Gaza après le retrait israélien, le Hamas arrive devant le Fatah. Le Hamas détrône l'Autorité palestinienne dirigée par le Fatah ; il lance des escadrons de la mort contre le Fatah, contre d'autres opposants politiques et des syndicalistes.

2007-2008 – Crise financière mondiale, la plus grave récession économique depuis la Grande Dépression des années 1930.

2011-2015 – En Syrie, le régime de Bachar al-Assad, soutenu par Téhéran et Moscou, écrase une révolte populaire. Dans la guerre civile qui s'ensuit, il y a 300 000 morts et 6,8 millions de personnes qui fuient la Syrie.

2014-2018 – Washington crée une coalition militaire pour mener la guerre contre l'État islamique (EI), un groupe terroriste qui a fait d'importantes conquêtes territoriales en Irak et en Syrie, où son règne de terreur a compris un génocide du peuple yézidi. L'EI est finalement vaincu en 2018, en grande partie par les forces terrestres kurdes avec le soutien aérien, financier et logistique de la coalition.

2017-2022 – Des milliers de personnes descendent dans les rues en Iran lors de plusieurs vagues de manifestations pour dénoncer l'agression militaire du régime au Moyen-Orient, les conditions sociales, la répression policière et l'oppression des femmes.

2019-2021 – Pandémie de COVID-19. Contraction mondiale accélérée de la production et du commerce capitalistes.

2020-2021 – Dans le cadre des accords d'Abraham, Bahreïn, les Émirats arabes unis, le Maroc et le Soudan établissent des relations diplomatiques avec Israël.

2022, février – Le régime de Vladimir Poutine à Moscou envahit l'Ukraine. Les travailleurs ukrainiens entament une lutte sans relâche pour défendre l'indépendance et l'autodétermination nationales.

2023, octobre – Des forces dirigées par le Hamas et soutenues par Téhéran se livrent à un massacre de Juifs en Israël, l'attaque la plus meurtrière depuis l'Holocauste nazi pendant la Deuxième Guerre mondiale.

INDEX

LA CONTINUITÉ ET LE PROGRAMME COMMUNISTE

Le creux de la résistance ouvrière est derrière nous

Le Parti socialiste des travailleurs regarde vers l'avant

JACK BARNES, MARY-ALICE WATERS, STEVE CLARK

L'ordre mondial imposé par Washington après sa victoire dans la Deuxième Guerre mondiale vole en éclats. Une longue retraite de la classe ouvrière et des syndicats a pris fin. Les patrons et leur gouvernement multiplient les attaques contre nos salaires, nos conditions de travail et nos droits constitutionnels. Ce livre illustre les possibilités pour construire un parti prolétarien de masse capable de diriger la lutte pour mettre fin à la domination capitaliste et ouvrir un avenir à l'humanité. 10 $ US. Aussi en anglais, espagnol, grec.

Le programme de transition pour la révolution socialiste

LÉON TROTSKY

Le programme du Parti socialiste des travailleurs, élaboré par Léon Trotsky en 1938, guide toujours le SWP et les communistes partout dans le monde. Le parti « combat sans compromis tous les groupements politiques accrochés aux basques de la bourgeoisie. Sa tâche : l'abolition de la domination capitaliste. Son objectif : le socialisme. Sa méthode : la révolution prolétarienne. » 17 $ US. En anglais et farsi.

Sont-ils riches parce qu'ils sont intelligents ?

Classe, privilège et apprentissage sous le capitalisme

JACK BARNES

Dans les luttes que nous, les travailleurs, mènerons contre les capitalistes, nous changerons peu à peu d'attitude envers la vie, le travail et chacun de nous. Nous découvrirons notre valeur, que nient les dirigeants et les classes moyennes supérieures, qui prétendent qu'ils sont riches parce qu'ils sont intelligents. Nous saisirons dans la lutte ce que nous pouvons devenir. 10 $ US. Aussi en anglais, espagnol, farsi, arabe, grec.

PATHFINDERPRESS.COM

Le dernier combat de Lénine

Écrits et discours, 1922-1923

V. I. LÉNINE

En 1922 et 1923, V. I. Lénine, le dirigeant central de la première révolution socialiste dans le monde, a livré ce qui allait être son dernier combat politique — un combat qui a été perdu après sa mort. L'enjeu, c'était de savoir si la révolution et le mouvement international qu'elle dirigeait maintiendraient le cours prolétarien qui avait porté les travailleurs et les paysans au pouvoir en Russie en octobre 1917. 17 $ US. En anglais, espagnol, farsi, grec.

Malcolm X, la libération des Noirs et la voie vers le pouvoir ouvrier

JACK BARNES

La conquête du pouvoir par la classe ouvrière rendra possible la bataille finale contre l'exploitation de classe et l'oppression raciste. Elle ouvrira la voie vers un monde basé sur la solidarité humaine et non pas sur l'exploitation, la violence et le racisme. Un monde socialiste. 20 $ US. Aussi en anglais, espagnol, farsi, arabe, grec.

La Troisième Internationale après Lénine

LÉON TROTSKY

La défense par Léon Trotsky en 1928 du cours marxiste qui avait guidé l'Internationale communiste dans ses premières années. Écrivant dans le feu de la lutte politique, Trotsky aborde le principal défi auquel sont confrontés les travailleurs aujourd'hui : construire des partis communistes à travers le monde capables de conduire les travailleurs et les agriculteurs à prendre le pouvoir. 20 $ US. En anglais et farsi.

Rébellion Teamster

FARRELL DOBBS

Les grèves de 1934, qui ont obtenu la reconnaissance du syndicat des camionneurs et des magasiniers à Minneapolis, ont contribué à ouvrir la voie au mouvement social de la classe ouvrière qui a construit les syndicats industriels. Le premier de quatre livres d'un dirigeant central de ces batailles. 16 $ US. Aussi en anglais, espagnol, farsi, grec.

En défense du marxisme

Contre l'opposition petite-bourgeoise dans le Parti socialiste des travailleurs

LÉON TROTSKY

Une réponse à ceux qui, dans le mouvement ouvrier révolutionnaire de la fin des années 1930, ont courbé l'échine devant le patriotisme bourgeois lorsque Washington se préparait à entrer dans la Deuxième Guerre mondiale. Trotsky explique pourquoi seul un parti qui se bat pour recruter des travailleurs dans ses rangs et sa direction peut maintenir un cours communiste. Ce faisant, il prend la défense des fondations matérialistes et dialectiques du marxisme. 17 $ US. Aussi en anglais, espagnol, farsi.

La lutte pour un parti prolétarien (extraits)

JAMES P. CANNON

À la veille de la Deuxième Guerre mondiale, un fondateur du mouvement communiste aux États-Unis et un dirigeant de l'Internationale communiste du temps de Lénine défend le programme du bolchevisme et ses normes de construction du parti. 5 $ US. Aussi en anglais, espagnol, farsi.

CONSTRUIRE UN PARTI PROLÉTARIEN

Le tournant vers l'industrie : forger un parti prolétarien

JACK BARNES

Ce livre porte sur le programme, la composition et la ligne de conduite prolétariens du seul type de parti méritant le nom de « révolutionnaire » à l'époque impérialiste. Un parti capable de reconnaître le fait le plus révolutionnaire de cette époque : la valeur de la classe ouvrière et notre pouvoir de changer la société lorsque nous nous organisons et agissons contre la classe capitaliste. Ce livre porte sur la construction d'un tel parti aux États-Unis et dans les autres pays. 15 $ US. Aussi en anglais, espagnol, farsi, grec.

Le socialisme en procès

Déposition au procès pour sédition de Minneapolis

JAMES P. CANNON

Le programme révolutionnaire de la classe ouvrière, présenté en réponse aux accusations de « conspiration séditieuse » dans un coup monté en 1941, à la veille de l'entrée des États-Unis dans la Deuxième Guerre mondiale. Les accusés étaient des dirigeants du mouvement syndical de Minneapolis et du Parti socialiste des travailleurs. 15 $ US. Aussi en anglais, espagnol, farsi.

Le Manifeste communiste

KARL MARX ET FRIEDRICH ENGELS

Le communisme, disent les dirigeants qui ont fondé le mouvement ouvrier révolutionnaire, n'est pas un ensemble d'idées ou de principes préconçus. C'est plutôt la marche de la classe ouvrière vers le pouvoir, telle qu'elle surgit d'un « mouvement historique qui s'opère sous nos yeux ». 5 $ US. Aussi en anglais, espagnol, farsi, arabe.

La continuité révolutionnaire

La direction marxiste aux États-Unis

Les premières années, 1848-1917

Naissance du mouvement communiste, 1918-1922

FARRELL DOBBS

« Des générations successives de révolutionnaires prolétariens ont participé aux mouvements de la classe ouvrière et de ses alliés. Les marxistes d'aujourd'hui ne doivent pas seulement leur rendre hommage pour leurs actes. Nous devons également apprendre de ce qu'ils ont fait de mal et de bien pour ne pas répéter leurs erreurs. » —*Farrell Dobbs*. Deux tomes en anglais, 17 $ US chaque volume.

Tribuns du peuple et syndicats

KARL MARX, V. I. LÉNINE, LÉON TROTSKY, FARRELL DOBBS, JACK BARNES

Un parti prolétarien ne peut se construire qu'en se joignant à la lutte pour renforcer les syndicats. Mais son point de départ, ce sont les relations entre toutes les classes, à la ville comme à la campagne. Un tribun du peuple utilise chaque exemple d'oppression capitaliste pour expliquer pourquoi seuls la classe ouvrière et ses alliés peuvent construire un monde basé non sur la violence et la compétition, mais sur la solidarité. 12 $ US. Aussi en anglais, espagnol, farsi, grec.

L'histoire du trotskysme américain, 1928-1938

JAMES P. CANNON

« Le trotskysme n'est pas un nouveau mouvement, une nouvelle doctrine, écrit Cannon, mais la restauration, la renaissance du marxisme véritable tel qu'il a été exposé et appliqué au cours de la révolution russe et des premiers jours de l'Internationale communiste. » 17 $ US. Aussi en anglais et espagnol.

La vérité sur les procès de Moscou

Le cas de Léon Trotsky

TÉMOIGNAGE DEVANT LA COMMISSION DE 1937 CHARGÉE D'ENQUÊTER SUR LES ACCUSATIONS PORTÉES CONTRE LUI LORS DES PROCÈS DE MOSCOU

Le régime de Joseph Staline et de ses héritiers était-il la continuation du gouvernement ouvrier et paysan dirigé par les bolcheviks et établi par la révolution d'Octobre en 1917 ?

Non ! affirme le dirigeant bolchevique Léon Trotsky dans son témoignage devant une commission d'enquête internationale en 1937 sur les procès de Staline à Moscou. Passant en revue 40 années de lutte de la classe ouvrière à laquelle Trotsky a participé et qu'il a dirigée, il discute la lutte pour rétablir le cours révolutionnaire internationaliste de Vladimir Lénine et les raisons pour lesquelles le régime de Staline a organisé les procès de Moscou.

Il explique les enjeux pour les travailleurs de la révolution espagnole alors en cours, la lutte contre le fascisme en Allemagne, les efforts pour construire un parti révolutionnaire mondial, et bien plus. 28 $ US. En anglais.

Volume d'accompagnement Non coupable

CONCLUSIONS DE LA COMMISSION DE 1937

« Les procès de Moscou étaient un coup monté », a déclaré la commission d'enquête de 1937 sur les accusations portées contre Trotsky devant le tribunal fantoche de Staline. Texte intégral du rapport. 23 $ US. En anglais.

Ma vie

Léon Trotsky

Un dirigeant de la Révolution russe, de l'Armée rouge et de la lutte pour le maintien de la continuité de Lénine raconte les leçons tirées des batailles auxquelles il a participé depuis le début des années 1900 jusqu'à son exil forcé de l'Union soviétique en 1929 par le régime contrerévolutionnaire de Staline. 27 $ US. En anglais.

LA RÉVOLUTION SOCIALISTE CUBAINE

Nouvelle édition !

Che Guevara sur l'économie et la politique dans la transition au socialisme

CARLOS TABLADA

Il est essentiel que les travailleurs s'emparent du pouvoir d'État, a dit Ernesto Che Guevara. « Ensuite, il y a la deuxième étape, peut-être plus difficile que la première » : la transition du capitalisme, fondé sur la loi de la jungle, au socialisme. Cela implique de passer du travail en tant que condition de survie au travail social volontaire par lequel nous exprimons notre humanité commune. Comprend le discours de Fidel Castro « Les idées du Che sont d'une actualité absolue et totale ». 17 $ US. En anglais et espagnol. À paraître en français.

Cuba et la révolution américaine à venir

JACK BARNES

Un livre sur l'exemple du peuple cubain, qui montre qu'une révolution est non seulement nécessaire, mais qu'elle est possible. Un livre sur les luttes des travailleurs et autres producteurs exploités au coeur de l'impérialisme ; sur les jeunes attirés par ces luttes ; sur la lutte des classes aux États-Unis, où les nantis méprisent les capacités révolutionnaires des travailleurs comme ils ont méprisé celles des travailleurs cubains. Et tout autant à tort. 10 $ US. Aussi en anglais, espagnol, farsi.

Les femmes à Cuba : La réalisation d'une révolution au sein de la révolution

VILMA ESPÍN, ASELA DE LOS SANTOS, YOLANDA FERRER

17 $ US. En anglais, espagnol, farsi, grec.

PATHFINDERPRESS.COM

LA CLASSE OUVRIÈRE ET LA LUTTE CONTRE LA HAINE DES JUIFS

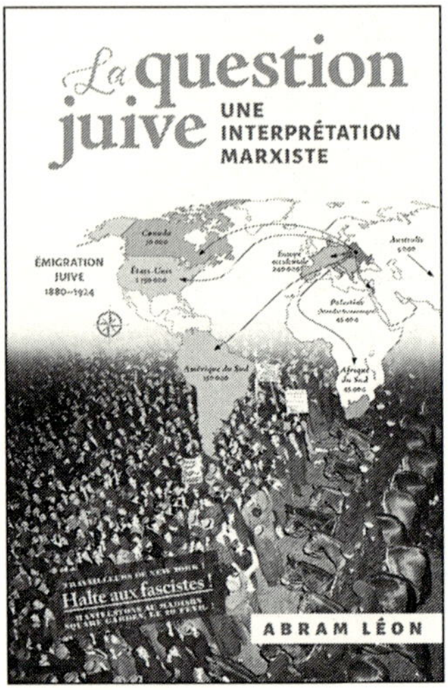

La question juive

Une interprétation marxiste

ABRAM LÉON

La lutte contre les forces réactionnaires visant à exterminer les Juifs reste au coeur de la politique mondiale, comme le montre le pogrom génocidaire d'octobre 2023 en Israël. Pourquoi la haine des Juifs montre-t-elle toujours son visage hideux ? Quelles en sont les racines de classe ? Abram Léon explique pourquoi il n'y a pas de solution « hors de la révolution prolétarienne mondiale ». Nouvelle introduction et 40 pages d'illustrations et de cartes. 17 $ US. Aussi en anglais et espagnol.

La fondation du Parti socialiste des travailleurs

Procès-verbaux et résolutions, 1938-39

JAMES P. CANNON

« L'attaque contre les Juifs est le fer de lance de l'attaque contre la classe ouvrière américaine », affirme une résolution adoptée par le congrès du SWP de 1938. Le parti a exigé que Washington « ouvre grand les portes des États-Unis aux victimes du régime des pogroms hitlérien ! » 23 $ US. En anglais.

Leur Trotsky et le nôtre

JACK BARNES

Pour diriger les travailleurs à la victoire dans une révolution, il faut un parti révolutionnaire de masse dont les cadres, longtemps à l'avance, ont intériorisé un programme communiste international, ont une vie et un travail prolétariens, prennent plaisir à faire de la politique et ont forgé une direction dotée d'un sens aigu de ce qu'il faut faire. Ce livre discute comment construire un tel parti. 12 $ US. Aussi en anglais, espagnol, farsi.

ÉLARGISSEZ VOTRE BIBLIOTHÈQUE RÉVOLUTIONNAIRE

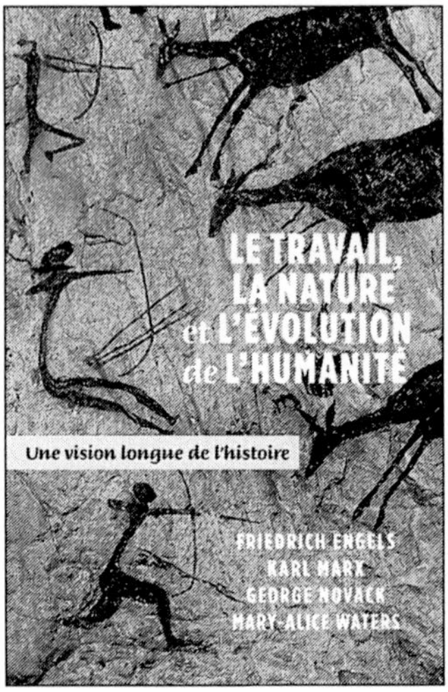

Le travail, la nature et l'évolution de l'humanité

Une vision longue de l'histoire

FRIEDRICH ENGELS, KARL MARX, GEORGE NOVACK, MARY-ALICE WATERS

Sans comprendre qu'en transformant la nature, le travail social est le moteur de l'évolution de l'humanité depuis des millions d'années, les travailleurs ne peuvent pas voir au-delà de l'époque capitaliste d'exploitation de classe qui déforme toutes les relations, idées et valeurs humaines. Seule la conquête révolutionnaire du pouvoir d'État par la classe ouvrière peut ouvrir la porte à un monde libéré de l'exploitation capitaliste, de la dégradation de la nature, de l'assujettissement des femmes, du racisme et de la guerre. Un monde construit sur la solidarité humaine. Un monde socialiste. 12 $ US. Aussi en anglais et espagnol.

La révolution trahie

Qu'est-ce que l'Union soviétique et où va-t-elle ?

LÉON TROTSKY

En 1917, la classe ouvrière et les paysans de Russie sont la force motrice d'une des plus profondes révolutions de l'histoire. Mais en dix ans se consolide une contrerévolution menée par une couche sociale privilégiée et dont le principal porte-parole est Joseph Staline. L'étude classique de l'État ouvrier soviétique et de la dégénérescence de la révolution. 17 $ US. En anglais, espagnol, farsi, grec.

Le bilan anti-ouvrier des Clinton

Pourquoi Washington craint les travailleurs

JACK BARNES

Ce que les travailleurs doivent savoir sur le cours, axé sur le profit, des démocrates et des républicains au cours des 30 dernières années. L'éveil politique des travailleurs qui cherchent à comprendre et à résister aux attaques des dirigeants capitalistes. 10 $ US. Aussi en anglais, espagnol, farsi, grec.